Manfred Aigner

Bestbieterverfahren –
Das beste Angebot erhält den Zuschlag im Vergabeverfahren!

Die Ratschläge, Tipps und Empfehlungen wurden vom Autor mit der gebotenen Sorgfalt ausgewählt und beruhen auf seinen persönlichen Erfahrungen. Eine Haftung des Autors für etwaige Schäden an Personen sowie für etwaige Sach- und Vermögensschäden ist jedoch ausgeschlossen. Diesbezüglich kann keine Erfolgsgarantie abgeleitet werden.

Die Verweise auf externe Webseiten oder Publikationen Dritter wurden zum Zeitpunkt der Veröffentlichung des Buches sorgfältig geprüft. Allerdings können spätere Änderungen nicht ausgeschlossen werden. Für die Inhalte dieser externen Webseiten oder Publikationen wird keine Haftung übernommen, da diese Inhalte kein integraler Bestandteil dieses Buches sind. Das Werk, einschließlich seiner Teile, ist urheberrechtlich geschützt. Für die Inhalte ist der Autor verantwortlich. Jede Verwertung ohne Zustimmung des Autors ist unzulässig.

Die Verwendung der männlichen Form bei Personenbezeichnungen und personenbezogenen Substantiven dient der besseren Lesbarkeit und gilt im Sinne der Gleichbehandlung für alle Geschlechter. Die verkürzte Sprachform hat rein redaktionelle Gründe und beinhaltet keine Wertung.

ISBN Softcover: 979-8303693456
ASIN E-Book Kindle Edition B0D92XSPGK

© 2024 Manfred Aigner
Alle Rechte vorbehalten. Vervielfältigungen nur mit schriftlicher Genehmigung des Autors. Kontaktaufnahme ausschließlich über www.MA-4Consult.at

Inhaltsverzeichnis

Vorwort 7

1. Lehrreiche Fehlschläge: Beispiele, die als Warnung dienen 9

    Europäische Windräder – ein Markt ohne Nachfrage 9
    Südafrika – wenn eine Brücke zweimal gebaut werden muss 11
    Aerotrain für Kuala Lumpur Intl. Airport – zweimal beauftragt 12
    Flughafen Berlin BER – Gut Ding braucht Weile 14

2. Vergabeverfahren nach Bestbieterprinzip 17

    Rechtliche Rahmenbedingungen und Compliance 17
    Pain-Points und Kundenbedarf aus Anbietersicht 20
    Unique Selling Point (USP) im Vertrieb 22
    Beschaffungsprozess 26
        Phasen des Beschaffungsprozesses 27
        Bestbieterprinzip oder Billigstbieterprinzip 30
    Ausschreibungsverfahren 32
    Ausschreibungsgestaltung und Bekanntmachung 35

3. Bestbieterverfahren: Evaluierungskriterien 41

    Transparenz 44
    Anforderungen an den zu leistenden Lieferumfang 45
    Evaluierungskriterium: Preis 47
        Dumping-Anbieter: Abnormally Low Bid 47
        Formel zur Preisevaluierung 52
    Evaluierungskriterium: Finanzielle Leistungsfähigkeit 55
    Evaluierungskriterium: Referenzen und Erfahrung 58
    Evaluierungskriterium: Standards und Zertifizierungen 62
    Evaluierungskriterium: Umweltstandards und Nachhaltigkeit 63
    Methodik der Evaluierung 67
        Übersicht 67
        Bewertung der Evaluierungskriterien 69

4. Vorteile im privaten und geschäftlichen Bereich 73

5. Nachwort 77

6. Abbildungsverzeichnis 79

7. Abkürzungsverzeichnis 80

8. Hilfsmittel und Quellenverzeichnis 81

Vorwort

Wer kennt sie nicht, Sprichwörter bzw. Phrasen wie zum Beispiel „Wer billig kauft, kauft teuer" oder „Wer billig kauft, kauft doppelt". Diese Aussagen bekommt man oft zu hören, und leider stimmen sie auch allzu oft. Egal ob Sie sich ein neues Auto beschaffen möchten oder ob eine Regierungsbehörde in Infrastruktur investiert – diese Sprichwörter können mit unterschiedlichen Fallbeispielen untermauert werden.

Dieses Buch widmet sich dem Beschaffungsvorgang mit Fokus auf die Gestaltung von entsprechenden Ausschreibungen und Vergabeprozessen unter der Direktive, dass am Ende dieses Vorgangs die beste Lösung oder das beste Produkt gekauft wird. **Bestbieterprinzipien** anstelle von Billigstbieterprinzipien werden anhand von Beispielen beschrieben. Beim Schreiben dieses Ratgebers habe ich es mir zum Ziel gesetzt, Ihnen als Leser dieses Buches konkrete und effektive Unterstützung bei der Anwendung von Bestbieterprinzipien zu geben.

Aus diesem Grund möchte ich auch ehestmöglich in den „Deep-Dive" gehen und mit den inhaltlichen Aspekten dieses Buches beginnen anstatt mit üblichen Widmungen und Absätzen über den Autor. Wenn Sie Informationen zu mir wünschen, lade ich Sie gerne dazu ein, die Internetseite www.MA-4Consult.at aufzurufen.

In diesem Sinne wünsche ich Ihnen viel Unterhaltung, aber auch hoffentlich ein paar neue Informationen sowie Tipps und Tricks beim Lesen der vor Ihnen liegenden Lektüre.

Manfred Aigner (2024)

Vorwort

1. Lehrreiche Fehlschläge: Beispiele, die als Warnung dienen

Im Folgenden werden diverse internationale Beispiele präsentiert, bei denen das Ausschreibungsverfahren zu signifikanten Schwierigkeiten bei der Realisierung der Projekte führte. Diese Fälle demonstrieren, wie inadäquate Vergabeverfahren und unzulängliche Kriterien zur Auswahl der Anbieter zu Verzögerungen, Kostenüberschreitungen und Qualitätsmängeln führen können. Die dargestellten Projekte dienen als Mahnung und veranschaulichen die Fallstricke, die bei der Vergabe öffentlicher Aufträge zu vermeiden sind.

Europäische Windräder – ein Markt ohne Nachfrage

„Wo ein Wille, da ein Windrad" – mit diesem Slogan wollten die Grünen in Österreich im Jahr 2023 für „Klimaglück" sorgen[1]. Werden jedoch Werbesprüche dieser Kategorie nicht mit EU-weiten strategischen Maßnahmen untermauert, bleibt am Ende nichts weiter übrig als Politiktaktik mit inhaltsleeren Worthülsen. Unabhängig von der Tatsache, dass es in Europa keine EU-weite sowie abgestimmte Energiestrategie gibt, und Beschaffungsvorgänge speziell in Deutschland oder Österreich sehr stark von regionalen Interessen der Bundesländer dominiert werden, ist in diesen Ländern ein weiteres Phänomen zu beobachten. Immer mehr chinesische Windräder werden verbaut, was wiederum dazu führt, dass die heimische bzw. europäische Windenergie-Branche mit massiven Problemen zu kämpfen hat. Das Potenzial für Windenergie wäre gegeben, jedoch bestimmen in der Marktwirtschaft Angebote und Nachfrage den Preis und damit den Markt. Fehlen öffentliche Ausschreibungen, und damit die Nachfrage, gibt es auch kein entsprechendes Angebot, und damit auch keine europäische Windenergie-Industrie.

Sie können nun einwenden, dass doch viel in Windenergie investiert wird. Je nach Land oder Region haben Sie damit auch vollkommen Recht. Jedoch wird „richtig" investiert, oder sind die Ausschreibungen der Infrastrukturprojekte derart gestaltet, dass am Ende immer der billigste Preis ausschlaggebend ist, und damit in vielen Fällen die Qualität von europäischen Produkten das Nachsehen hat? Es fehlen bei europäischen Ausschreibungen in vielen Bereichen „Bestbieterkriterien", die dafür sorgen würden, beste (europäische) Qualität in einem transparenten Vergabeprozess beschaffen zu können.

In **China** befinden sich knapp **70 Prozent der weltweiten Produktionskapazität für Windturbinen,** und im Wettrennen um effiziente Offshore-Windräder haben die Chinesen immer häufiger die Nase vorn[2]. Werden daher auf der einen Seite öffentliche Ausschreibungen von Infrastrukturprojekten dieser Kategorie so gestaltet, dass der Preis eine sehr hohe Gewichtung erhält, darf man sich auf der anderen Seite nicht wundern, wenn europäische Windenergie-Unternehmen in Schieflage geraten.

Es benötigt keine direkten und damit marktverzerrenden Subventionen für Unternehmen, und auch keine Zölle auf nicht-europäische Produkte. Beide Maßnahmen verzerren die Märkte, steigern die staatlichen Ausgaben durch erhöhte Administrationsaufwände und führen zu erhöhten Gefahren von Handelskriegen. Analog zu den Möglichkeiten des 2022 in den USA beschlossenen „Inflation Reduction Act" könnten auch europäische Ausschreibungen einen gewissen local-content, also **europäische Wertschöpfung bzw. Produktion,** vorgeben. Das stärkt die europäische Industrie durch Nachfrage seitens der öffentlichen Hand EU-rechtskonform, ohne dabei Steuergeld durch teilweise sinn- und bedingungslose Subventionen zu vergeuden.

Die Kernfrage in diesem Zusammenhang lautet nun: wie kann das Bestbieterprinzip zur Anwendung kommen, ohne gleichzeitig den Grundsätzen der freien Marktwirtschaft zu widersprechen? Die Antwort darauf soll Ihnen dieser Ratgeber auf den folgenden Seiten geben.

Südafrika – wenn eine Brücke zweimal gebaut werden muss

Die Gwaiing Bridge liegt an der Straße N2 zwischen George und Great Brak in Südafrika. Der Bau der Brücke begann im Januar 2018 mit einem geplanten Abschlussdatum am 28. Juli 2020 [3]. Die ursprüngliche Firma, KPMM Roads and Earthworks (Pty) Ltd, geriet jedoch in finanzielle Schwierigkeiten und konnte das Projekt mit Stand Ende 2023 nicht abschließen[4]. Eine der Hauptursachen für die Verzögerungen und das Scheitern des Projekts war, dass der ursprüngliche **Auftragnehmer in finanzielle Schwierigkeiten bzw. Cashflow-Probleme** geraten ist. Das Scheitern des Projekts führte damit zu Verzögerungen, Kostensteigerungen, erhöhten Verwaltungskosten durch die erneute Ausschreibung aber auch zu Verkehrsbehinderungen der Straßennutzer und Vertrauensverlust der Bürger in die Fähigkeit der verantwortlichen Institutionen, Projekte pünktlich und kosteneffizient abzuschließen. Hätte man das Risiko eines derartigen Scheiterns des Projektes verhindern können? Nein! Hätte man das Risiko eines Scheiterns minimieren können? Ja!

Durch eine entsprechende Gestaltung der Ausschreibungsunterlagen unter Einbeziehung der finanziellen Kapazitäten der einzelnen Anbieter, können Anbieter abseits von angebotener Lösung bzw. angebotenem Preis evaluiert werden. Diese Form der zusätzlichen Evaluierungskriterien soll sicherstellen, dass Anbieter über genügend finanzielle Reserven verfügen, um komplexe und längerfristige Projekte erfolgreich abwickeln und liefern können. Zusätzliche Bankgarantien sowie Absicherungen durch eine entsprechende Erfüllungsgarantie („performance bond") stellen weitere Absicherungsmechanismen zur Verfügung, jedoch wird im Idealfall bereits im Zuge des Vergabeverfahrens eine Vorauswahl getroffen, und dabei hilft eben, wenn die Evaluierungskriterien der Angebote bereits finanzielle Kapazitäten berücksichtigen.

Aerotrain für Kuala Lumpur Intl. Airport – zweimal beauftragt

Das KLIA-Aerotrain-Projekt, das die Eisenbahnanbindung des Kuala Lumpur International Airports (KLIA) umfasst, ist ein bedeutendes Infrastrukturvorhaben, das darauf abzielt, die Verbindung zwischen dem Hauptterminalgebäude und dem Satellitenterminal zu verbessern. Ursprünglich im Jahr 1998 in Betrieb genommen, hat das Aerotrain-System seitdem zahlreiche Herausforderungen und Verzögerungen erlebt, die schließlich zu einer umfassenden Neuausschreibung des Projekts führten.

Die Notwendigkeit einer Modernisierung des Aerotrain-Systems wurde bereits 2020 erkannt, als Malaysia Airports Holdings Berhad (MAHB) nach mehreren Machbarkeitsstudien beschloss, eine Ausschreibung für neue Züge zu starten. Diese Studien, die in Zusammenarbeit mit verschiedenen Interessengruppen wie dem Verkehrsministerium und der Zivilluftfahrtbehörde Malaysias durchgeführt wurden, empfahlen eine vollständige Erneuerung des bestehenden Systems[5]. Im August 2021 gab MAHB bekannt, dass eine endgültige Auswahlliste von Bietern für dieses Projekt erstellt wurde.

Die ursprüngliche Ausschreibung wurde jedoch aufgrund von Verzögerungen und Leistungsproblemen des ursprünglichen Auftragnehmers, Pestech International Bhd, im August 2023 aufgehoben[6]. Pestech hatte beim KLIA-Aerotrain-Projekt mehrere konkrete Probleme, die zur Vertragsaufhebung führten.

Zu den Hauptproblemen gehörten[7] [8]:

1. **Leistungsprobleme:** Pestech konnte die vertraglich festgelegten Meilensteine nicht einhalten, was zu erheblichen Verzögerungen im Projektfortschritt führte.
2. **Vertragsverletzungen:** Es gab mehrere wesentliche Vertragsverletzungen, die Pestech nicht innerhalb der festgelegten Frist beheben konnte.
3. **Nicht-Erfüllung der Verpflichtungen:** Pestech konnte seine vertraglichen Verpflichtungen nicht erfüllen.

Diese Probleme führten dazu, dass MAHB das Vertrauen in die Fähigkeit von Pestech verlor, das Projekt erfolgreich abzuschließen. Die Entscheidung zur Vertragsaufhebung wurde getroffen, um sicherzustellen, dass das Projekt effizient und rechtzeitig abgeschlossen wird. MAHB entschied sich daraufhin, den **Vertrag neu auszuschreiben** und beauftragte schließlich im Januar 2024 ein neues Konsortium mit der Abwicklung des Projekts. Auch dieses Beispiel zeigt, dass eine sorgfältige Gestaltung der Evaluierungskriterien im Bieterverfahren dazu führen hätten können, derartige Probleme zu verhindern. Und Sie können sicher sein, dass die Experten, die für die ursprüngliche Vergabe verantwortlich waren, einige unangenehme Fragen zu beantworten hatten. Diese Verzögerungen eines öffentlichen Projekts erzeugen –

berechtigterweise – ein größeres Medienecho. Die Probleme mit Pestech beim KLIA-Aerotrain-Projekt hatten tatsächlich auch politische Auswirkungen in Malaysien. Es gab öffentliche Diskussionen und Bedenken hinsichtlich der Vergabe des Projekts und der Rolle der Regierung dabei, auch wenn die Vergabeentscheidung primär von Malaysia Airports Holdings Berhad (MAHB) getroffen wurde. Es zeigt sich, dass eine effektive Auswahl an Bieterkriterien während des Vergabeprozesses schlussendlich das Risiko von potenziellen Lieferproblemen reduzieren kann.

Flughafen Berlin BER – Gut Ding braucht Weile

Wenn ein Projekt mit 10 Jahren Verspätung und einer 300 Prozent Überschreitung der geplanten Kosten fertig gestellt wird[9], gibt es eine Vielfalt an Ursachen.

In der Analyse des Projekts wird ersichtlich, dass die Vergabe zahlreicher Einzelaufträge anstelle der Beauftragung eines Generalunternehmers, der das technische und finanzielle Risiko hätte übernehmen können, als Hauptkritikpunkt zu nennen ist. Dies führte zu erschwerten Koordinations- und Kontrollmöglichkeiten. In Kombination mit einer unzureichenden Bauaufsicht und teilweise fehlender Fachkompetenz resultierten daraus erhebliche Verzögerungen und Mehrkosten.

Laut der OECD gab es beim BER-Projekt keinen formellen Ausschreibungsprozess („bidding process"). Dies bedeutete, dass die Flughafen-Gesellschaft systematisch gegen die EU-Vergaberichtlinien verstieß. Die zusätzlichen Arbeiten, die durch diese Verträge abgedeckt wurden, waren für das Management vorhersehbar und hätten daher über einen Ausschreibungsprozess vergeben werden müssen[10].

Das „Bestbieterprinzip" hätte viele der Probleme, die beim BER Airport Projekt auftraten, möglicherweise verhindern können. Hier sind einige konkrete Wege, wie das Bestbieterprinzip hätte helfen können:

- **Qualität über Preis:** Anstatt den Auftrag an den billigsten Anbieter zu vergeben, hätte das Bestbieterprinzip die Qualität der Angebote stärker gewichtet. Dies hätte dazu geführt, dass nur Anbieter mit nachgewiesener Expertise und Erfahrung in komplexen Bauprojekten berücksichtigt worden wären.
- **Umfassende Bewertungskriterien:** Das Bestbieterprinzip berücksichtigt neben dem Preis auch andere wichtige Kriterien wie technische Kompetenz, Nachhaltigkeit, Innovationsfähigkeit und die Fähigkeit zur Einhaltung von Zeitplänen. Dies hätte dazu beigetragen, Anbieter auszuwählen, die in der Lage sind, die hohen Anforderungen eines solchen Projekts zu erfüllen.
- **Vermeidung von Planungsfehlern:** Durch die Auswahl des besten Angebots basierend auf umfassenden Kriterien hätte das Bestbieterprinzip dazu beitragen können, Planungsfehler und häufige Änderungen zu minimieren. Anbieter mit solider Planungskompetenz und Erfahrung hätten eher den Zuschlag erhalten.
- **Verbesserte Bauaufsicht:** Anbieter, die nach dem Bestbieterprinzip ausgewählt werden, hätten wahrscheinlich eine bessere Bauaufsicht und Qualitätskontrolle implementiert. Dies hätte dazu beigetragen, Baumängel frühzeitig zu erkennen und zu beheben.

- **Langfristige Perspektive:** Das Bestbieterprinzip fördert eine langfristige Perspektive, bei der die Lebenszykluskosten und die Nachhaltigkeit eines Projekts berücksichtigt werden. Dies hätte dazu beigetragen, dass Anbieter ausgewählt werden, die nicht nur kurzfristig kostengünstig sind, sondern auch langfristig wirtschaftlich und nachhaltig arbeiten.

Die Anwendung des Bestbieterprinzips hätte dazu beitragen können, das BER Airport Projekt von Anfang an in einer stabileren und effizienteren Weise umzusetzen. Dadurch hätten potenzielle Verzögerungen und Probleme möglicherweise vermieden werden können.

2. Vergabeverfahren nach Bestbieterprinzip

Rechtliche Rahmenbedingungen und Compliance

Die Einhaltung der rechtlichen Rahmenbedingungen sowie der Vorgaben zur Compliance sind von entscheidender Bedeutung für die erfolgreiche Durchführung von Bestbieterverfahren. Diese Anforderungen zielen darauf ab, Transparenz, Fairness und Gleichbehandlung zu gewährleisten und rechtliche Konflikte zu vermeiden. Im Folgenden wird ein umfassender Überblick über die wesentlichen rechtlichen Anforderungen und Vorschriften sowie die Maßnahmen zur Sicherstellung der Compliance gegeben.

Die Gewährleistung von **Transparenz und Gleichbehandlung** stellt eine zentrale rechtliche Anforderung im Vergabeverfahren dar. Öffentliche Ausschreibungen sind in einer Weise durchzuführen, die Transparenz und Nachvollziehbarkeit gewährleistet. Dies impliziert, dass alle potenziellen Bieter über identische Informationen und Chancen verfügen müssen. Die ausschreibende Stelle ist verpflichtet, klare und vollständige Informationen über die Anforderungen, Auswahlkriterien und Bewertungsmethoden zu veröffentlichen. Dies gewährleistet, dass alle Anbieter die gleichen Voraussetzungen haben und ihre Angebote entsprechend gestalten können.

Ein weiterer wesentlicher Aspekt sind die **wettbewerbsrechtlichen Anforderungen**. In diesem Kontext sind zudem der Marktzugang sowie das Diskriminierungsverbot von Relevanz. Es muss sichergestellt werden, dass alle potenziellen Anbieter gleichen Zugang zum Vergabeverfahren haben, wobei diesbezüglich keinerlei Unterschiede hinsichtlich der Nationalität, Firmengröße oder anderer Merkmale gemacht werden dürfen. Des

Weiteren sind kartellrechtliche Vorgaben zu beachten. Vereinbarungen oder Absprachen, welche den Wettbewerb einschränken, wie beispielsweise Preisabsprachen oder Marktaufteilungen, sind verboten und können zu erheblichen rechtlichen Konsequenzen führen.

Die Berücksichtigung von **Umwelt- und Sozialstandards** stellt ein weiteres wesentliches Element dar. Öffentliche Auftraggeber sind verpflichtet, Umwelt- und Sozialstandards in ihren Vergabeverfahren zu berücksichtigen. Dies kann beispielsweise die Berücksichtigung ökologischer Kriterien oder sozialer Mindeststandards umfassen. Aufträge dürfen nur an Unternehmen vergeben werden, die diese Standards einhalten, um eine nachhaltige und sozial verantwortliche Beschaffung zu gewährleisten.

Dokumentations- und Berichtspflichten stellen weitere wesentliche Bestandteile der rechtlichen Rahmenbedingungen dar. Es ist erforderlich, alle Schritte des Vergabeverfahrens sorgfältig zu dokumentieren, um im Falle von Beschwerden oder Prüfungen die Entscheidungsprozesse nachvollziehbar darzustellen. In einigen Jurisdiktionen besteht die Verpflichtung, die Vergabeverfahren und deren Ergebnisse an übergeordnete Stellen zu melden, um Transparenz und Rechenschaftspflicht sicherzustellen.

Um die Einhaltung der rechtlichen Rahmenbedingungen und die Vermeidung rechtlicher Konflikte zu gewährleisten, sind verschiedene Maßnahmen erforderlich. Von entscheidender Bedeutung sind dabei interne **Schulungen und Sensibilisierung.** Regelmäßige Schulungen für alle Mitarbeiter, die an Vergabeverfahren beteiligt sind, fördern ein tiefes Verständnis für die rechtlichen Anforderungen und die Bedeutung der Compliance. Sensibilisierungskampagnen innerhalb der Organisation tragen dazu bei, ein Bewusstsein für die Risiken und Folgen von Verstößen zu schaffen.

Der Einsatz von **Compliance-Tools und -Systemen** kann ebenfalls zur Sicherstellung der Compliance beitragen. Compliance-Management-Systeme (CMS) dienen der Überwachung und Steuerung der Einhaltung gesetzlicher Vorgaben und interner Richtlinien. Elektronische Vergabeplattformen erhöhen die Transparenz und erleichtern die Einhaltung der Vergaberegeln.

Regelmäßige **externe und interne Audits** stellen weitere Maßnahmen zur Sicherstellung der Compliance dar. Diese Audits dienen der Überwachung der Einhaltung rechtlicher Rahmenbedingungen sowie der frühzeitigen Erkennung von Schwachstellen. Um ihre Wirksamkeit zu gewährleisten, müssen die Verfahren regelmäßig überprüft und an neue gesetzliche Anforderungen sowie Best Practices angepasst werden.

Des Weiteren sind klare **Vergaberichtlinien und -prozesse** von entscheidender Bedeutung. Die Entwicklung und Implementierung detaillierter interner Richtlinien und Verfahren zur Durchführung von Vergabeverfahren tragen maßgeblich zur Sicherstellung der Konsistenz und Compliance bei. Standardisierte Vorlagen für Ausschreibungen und Bewertungsbögen dienen der Gewährleistung der Einhaltung der Vorschriften.

Das **Vertragsmanagement** sowie die Überwachung stellen weitere wesentliche Aspekte dar. Ein effektives Vertragsmanagement gewährleistet die Einhaltung der vertraglichen Verpflichtungen durch die Auftragnehmer. Mechanismen zur schnellen Reaktion auf Verstöße oder Beschwerden während des Vergabeprozesses dienen der Vermeidung rechtlicher Konflikte.

Die Berücksichtigung der vorgegebenen rechtlichen Rahmenbedingungen sowie die Implementierung effektiver Compliance-Maßnahmen ermöglichen es öffentlichen Auftraggebern, sicherzustellen, dass die Verfahren zur Ermittlung des wirtschaftlichsten Angebots transparent, fair und rechtskonform ablaufen. Dies dient nicht nur der Vermeidung rechtlicher Konflikte, sondern fördert auch das Vertrauen der Öffentlichkeit und der Anbieter in den Beschaffungsprozess.

Pain-Points und Kundenbedarf aus Anbietersicht

Unter der Voraussetzung, dass Sie als Vertriebsmitarbeiter in einem Unternehmen tätig sind und mit potenziellen (öffentlichen) Auftraggebern in Kontakt treten sowie Geschäfte abschließen möchten, lässt sich folgende Annahme treffen: Um potenzielle Geschäftsfälle mit potenziellen Kunden zu erörtern, ist es unerlässlich, den Kundenbedarf zu kennen und zu verstehen, wo beim Kunden „der berühmte Schuh drückt". Die Fähigkeit, eine vertrauensvolle Beziehung zum Kunden aufzubauen und zu pflegen, ist von entscheidender Bedeutung für den Erfolg. Diese als „Customer Intimacy" bezeichnete Nähe zum Kunden in Kombination mit einem effektiven Beziehungsmanagement stellt einen wesentlichen Erfolgsfaktor dar.

Wie erfahren Sie nun von einem Bedarf beim Kunden? Im B2G-Geschäft können Sie als Anhaltspunkt dem Prinzip „Follow the Money" folgen.

Das heißt konkret, dass Sie die Budgets und Investitionsvorhaben im öffentlichen Sektor im Auge behalten sollten. Wenn Sie bzw. Ihr Unternehmen eine gute Kundenbeziehung etabliert haben, werden Sie diese Themen in Ihren Gesprächen mit Vertretern des Kunden definitiv mitbekommen. Das bedeutet nicht unbedingt, dass Sie einen Termin beim Vorstand benötigen, sondern kann oftmals auch auf „Arbeitsebene" mitbekommen werden.

Auf der anderen Seite können Sie auch sehr gut mit den in Ihrem Geschäftsumfeld üblichen Lebenszyklen von Produkten und Lösungen arbeiten. Im Normalfall wissen Sie, wann Ihr Kunde bei Ihnen oder einem Ihrer Mitbewerber ein bestimmtes Produkt oder eine konkrete Lösung zum letzten Mal beschafft hat. Da Sie wissen, wie lange derartige Installationen im Einsatz sind, können Sie schon sehr früh abschätzen, wann diese Anwendungen zum nächsten Mal beschafft oder ausgetauscht werden müssen.

Wenn Sie nun von einem konkreten Bedarf bei Ihrem Kunden wissen, empfehle ich Ihnen, nicht sofort in den „Lösungsmodus" zu wechseln. Speziell im technischen Bereich tendieren wir intuitiv sehr schnell dazu, sofort mit Lösungen auf uns genannt Probleme zu antworten. Das Problem in diesem Zusammenhang ist, dass wir vielleicht überhaupt nicht wissen, ob die ad hoc gegebene Lösung tatsächlich auch den Nutzen beim Kunden generiert, den der Kunde maximal erhalten kann. Hier empfehle, ich als Berater und nicht als Verkäufer zu agieren und mit Kommunikationstechniken aus dem Bereich „Consultative Selling" verstärkt zu hinterfragen, welche Situation schlussendlich zum maximalen Nutzen beim Kunden führt. Nur wenn Sie den maximalen Nutzen beim Kunden adressieren, haben Sie in einem kompetitiven Umfeld auch tatsächlich einen gewissen Startvorteil gegenüber anderen Marktteilnehmern.

Im Rahmen von Ausschreibungen, bei denen das Bestbieterprinzip zur Anwendung kommt, werden seitens der ausschreibenden Stellen weitere Evaluierungskriterien herangezogen, die über den reinen Angebotspreis hinausgehen. Selbstverständlich existieren darüber hinaus eine Vielzahl weiterer

Vergabeverfahren. Innerhalb des österreichischen Bundesvergabegesetzes werden insgesamt elf verschiedene Vergabeverfahren aufgeführt [11]. Weltweit stellt das jeweilige Vergaberecht quasi das Einmaleins für einen erfolgreichen Vertrieb im B2G-Geschäft dar. An dieser Stelle sei darauf verwiesen, dass es empfehlenswert ist, sich mit den zuständigen Juristen in Verbindung zu setzen, um sich über die aktuelle gesetzliche Lage im Zielland zu informieren. In derartigen Fällen können lokale Vertretungen aus dem Heimatland oder lokale Partner unterstützend zurate gezogen werden. Es sei darauf verwiesen, dass in bestimmten Situationen die Wahl zwischen „nicht offenen" Vergabeverfahren und Direktvergaben besteht. Diese Varianten können insbesondere im Kontext von Bestandskundengeschäften für die Anbieter vorteilhaft sein. Auch für die Vergabestelle sind diese „vereinfachten" Vergaben von Vorteil, da jede (öffentliche) Ausschreibung einen nicht zu unterschätzenden Aufwand und damit Kosten beim Ausschreiber verursacht. Bei der Diskussion des Themenbereichs „Budget" mit Ihren Kunden oder Interessenten sollte auch das Thema der „internen Kosten" von Ausschreibungsverfahren angesprochen werden. Dadurch wird sichergestellt, dass potenzielle Kunden deren Budgetplanung nicht übersehen und eine angemessene Berücksichtigung erfolgt.

Unique Selling Point (USP) im Vertrieb

Beim Erarbeiten und Entwickeln der idealen Lösung für potenzielle Kunden geht es darum, den maximalen Nutzen für den Kunden sicherzustellen und Unique Selling Points (USP) zu identifizieren. Das Thema USP sorgt aus meiner Sicht immer wieder für eine unglückliche Vermischung von Begriffen, denn ein USP ist per Definition „einzigartig" und der Kunde ist bereit, dafür auch etwas zu bezahlen („Selling"). Die Einzigartigkeit kann immer nur im Vergleich zum Mitbewerber betrachtet werden, denn sonst fehlt die Vergleichbarkeit bzw. die Basis, auf die sich das Wort „Unique" bezieht. Und das Wort „Selling" kann sich immer nur auf konkrete Kunden beziehen, die auch in bestimmte Themen und Funktionalitäten Budget investieren. Somit kann es keine USP geben, die keinen Bezug zu Mitbewerbern und Kunden haben, und daher sollte der Begriff USP nicht allgemein und generell verwendet werden und schon gar nicht in allgemeinen Marketingbroschüren als USP erwähnt werden. In den meisten Fällen handelt es sich um Features oder Funktionen, die nicht automatisch ein USP sind.

Sollte Sie daher ein Kollege fragen, wie der USP von Produkt A) lautet, dann empfehle ich folgende Gegenfragen: Bei welchem Kunden und gegenüber welchem Mitbewerber? Vereinfacht formuliert kann man die einzelnen Begriffe auf Englisch wie folgt in eine logische Kette bringen: Pain ↔ Feature ↔ Benefit.

Der Kunden-Pain-Point bzw. -bedarf wird mit einer speziellen Lösung oder einem Produkt adressiert, welches aus mehreren Features und Funktionen besteht. Dabei können einzelne Features und Funktionen einen speziellen Nutzen bei speziell diesem Kunden bewirken. Diese Aspekte sind von entscheidender Bedeutung für die Funktionalität der angestrebten Lösung, da ihre Relevanz für den Kunden maßgeblich deren Einstufung bestimmt. Fehlt dieser Nutzen, werden die entsprechenden Funktionen lediglich als „Nice-to-have"-Features betrachtet. Sofern es sich um Features und Funktionen handelt, die vom Mitbewerber mit seinem Angebotsportfolio nicht angeboten werden können, sind diese als einzigartig zu bezeichnen. In diesem Fall handelt es sich um „Unique Features" mit direktem Kundennutzen, jedoch noch nicht um einen USP. Erst wenn der Kunde auch bereit ist, für diesen Nutzen und damit für diese Funktionalität mehr zu bezahlen im Vergleich zur Lösung des Mitbewerbers, der diese Funktionalität nicht anbieten kann, kann von einem USP gesprochen werden.

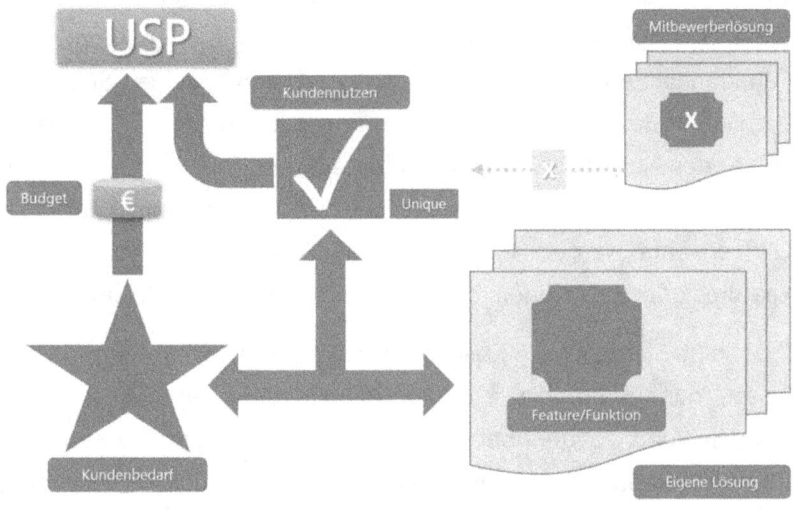

Abb. 1: Unique Selling Point

Sofern Ihr Produkt in direktem Wettbewerb mit anderen Anbietern steht und Ihnen die Herausforderung begegnet, dass Ihr Produkt nur über wenige einzigartige Features verfügt oder der Kunde keinen großen Wert auf bestimmte Funktionalitäten legt, rate ich Ihnen dazu, zu analysieren, ob eine Erweiterung der Lösung durch aktives Cross-Selling möglich ist. Hierbei handelt es sich um die Ergänzung der angebotenen Lösung um weitere Portfolioelemente. Anstelle eines einzelnen Produkts, das im direkten Wettbewerb steht, könnten ggf. noch weitere Problembereiche beim Kunden identifiziert werden, die miteinander kombiniert werden können. Dadurch wäre es möglich, auf Ihrer Seite die angedachte Lösung um das eine oder andere Produkt zu erweitern, das der Mitbewerber in seinem Portfolio nicht besitzt.

Zur Veranschaulichung sei ein fiktives Beispiel aus der Automobilbranche angeführt: Sofern Tesla Ihrem Unternehmen mehrere Fahrzeuge für Ihre Firmenflotte verkaufen möchte, kann Tesla für Sie als potenzieller Anbieter von Elektrofahrzeugen neben anderen Anbietern in Betracht gezogen werden. Zeigt Tesla Ihnen die hauseigenen Supercharger [12] und erachtet Ihr Flottenmanagement diese als vorteilhaft, kann Tesla Ihnen mehr als „nur" Autos anbieten. Da Sie möglicherweise ohnehin die Anschaffung von Ladestationen auf Ihrem Firmengelände planten, jedoch nicht daran dachten, diese vom gleichen Anbieter wie Ihre neuen Fahrzeuge zu beschaffen, hat Tesla Ihnen einen Zusatznutzen verschafft. In der Konsequenz verfügt Tesla über ein Alleinstellungsmerkmal, das andere Anbieter, die lediglich E-Autos offerieren, nicht vorzuweisen haben. In der vorliegenden Fiktion kann Tesla einer Wettbewerbssituation mit möglicherweise kostengünstigeren Anbietern von E-Autos entgehen.

Das angeführte Beispiel veranschaulicht die Relevanz eines kontinuierlichen, beratenden Dialogs mit potenziellen Kundinnen und Kunden. Die erste Lösungsstrategie für das dargestellte Problem wäre demnach, dass die Automobilhersteller ihre Modellpalette vorstellen und auf dieser Basis entsprechende Angebote unterbreiten. Unter Umständen wäre Ihnen nicht bewusst gewesen, dass Sie noch einen weiteren Bedarf, nämlich Ladestationen, hatten. Für Tesla könnte es eine Möglichkeit sein, dem reinen Preiskampf mit anderen Autoanbietern zu entgehen, wenn das Unternehmen ein kombiniertes Angebot aus neuen Autos für die Unternehmensflotte und Ladestationen für das Unternehmensgelände aus einer Hand anbietet. Voraussetzung hierfür ist jedoch, dass Tesla den Bedarf kennt.

Das zuvor angeführte Beispiel mündet in der folgenden Darlegung, welche sich auf die Formulierung von Bedarfen und Anforderungen konzentriert.

Beschaffungsprozess

Die Hauptziele eines Beschaffungsprozesses lassen sich wie folgt zusammenfassen:

- ✓ Das **richtige** Produkt
- ✓ Die **richtige** Spezifikation
- ✓ Die **richtige** Evaluierung
- ✓ Der **richtige** Lieferant

Die Beantwortung aller vier Bereiche mit einem eindeutigen „Ja" oder „erfolgt" lässt im Normalfall am Ende des Tages die beste Lösung für einen bestehenden Bedarf erwarten.

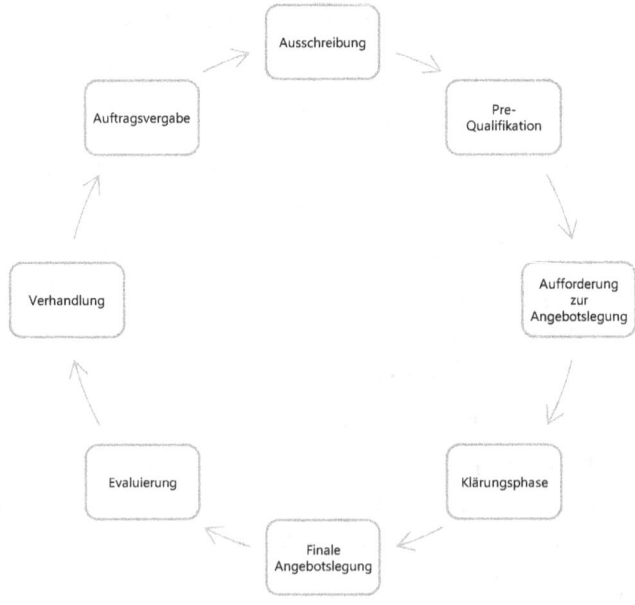

Abb. 2: Ablauf eines Vergabeprozesses

Der Vergabeprozess umfasst eine Reihe von Phasen und Abschnitten. Zu Beginn steht die Definition des Bedarfs, die Wahl des anzuwendenden Vergabeverfahrens sowie die Definition der Evaluierungskriterien, nach denen die Auftragsvergabe erfolgt, im Vordergrund. Diese Vorgehensweise gewährleistet die notwendige Transparenz.

Phasen des Beschaffungsprozesses

Die **Ausschreibung** stellt den initialen formellen Schritt im Beschaffungsprozess dar, welcher der Einholung von Angeboten potenzieller Lieferanten oder Dienstleister dient. In dieser Phase erfolgt eine detaillierte Definition der Anforderungen, Spezifikationen und Bedingungen des Projekts durch die beschaffende Stelle. Eine adäquat durchgeführte Ausschreibung schafft Transparenz und Wettbewerb, was letztlich zu einer Optimierung der Angebote führen kann. Es ist von essentieller Bedeutung, alle relevanten Informationen bereitzustellen, um den Anbietern ein klares Verständnis der Anforderungen zu ermöglichen. In der Praxis werden Ausschreibungen in öffentlich zugänglichen Medien veröffentlicht, um eine möglichst große Reichweite und Beteiligung zu gewährleisten.

In der **Pre-Qualifikationsphase** erfolgt eine erste Prüfung potenzieller Anbieter, um deren grundsätzliche Eignung und Leistungsfähigkeit festzustellen. Die Zielsetzung dieser Phase besteht in der Reduzierung der Bewerberzahl auf eine Gruppe, die die Mindestanforderungen erfüllt. Als Kriterien können beispielsweise die finanzielle Stabilität, die technische Kompetenz, Referenzen und die Erfahrung herangezogen werden.

Die Pre-Qualifikation dient somit der Sicherstellung, dass nur seriöse und qualifizierte Anbieter zur Angebotsabgabe eingeladen werden, was den Evaluierungsaufwand in den folgenden Phasen reduziert.

Im Anschluss an die Pre-Qualifikation werden die qualifizierten Anbieter offiziell dazu aufgefordert, detaillierte **Angebote** einzureichen. Diese Aufforderung enthält alle für die Erstellung der Angebote notwendigen Informationen, wie beispielsweise Spezifikationen, Zeitpläne, Vertragsbedingungen und Bewertungsmaßstäbe. Die Anbieter haben nun die Möglichkeit, ihre Lösungen, Preise und Bedingungen im Detail darzustellen. Da in dieser Phase eine klare und präzise Kommunikation von entscheidender Bedeutung ist, um Missverständnisse zu vermeiden und sicherzustellen, dass die eingereichten Angebote den Anforderungen entsprechen, ist eine sorgfältige und strukturierte Vorgehensweise erforderlich.

Die **Klärungsphase** setzt ein, sobald die Angebote eingereicht wurden, und dient der Klärung offener Fragen sowie der Beseitigung von Unklarheiten. In dieser Phase besteht für beide Seiten, sowohl für die beschaffende Stelle als auch für die Anbieter, die Möglichkeit, zusätzliche Informationen anzufordern oder bereitzustellen. Das Ziel dieser Phase besteht in der Sicherstellung der Vollständigkeit und Verständlichkeit aller Angebote. Dies kann auch formelle Präsentationen und Verhandlungen umfassen, um die Details der Angebote besser zu verstehen und etwaige Adaptierungen vorzunehmen.

Nach Abschluss der Klärungsphase werden die Anbieter in der Regel aufgefordert, ihre **finalen Angebote** einzureichen, welche alle besprochenen Änderungen und Klarstellungen enthalten. Diese finale Angebotslegung stellt einen entscheidenden Schritt dar, da sie die endgültigen Bedingungen und Preise darstellt, welche in die

Bewertung einfließen. In dieser Phase haben die Anbieter die Möglichkeit, ihre Angebote zu optimieren und wettbewerbsfähig zu gestalten.

Im Rahmen der **Evaluierungsphase** erfolgt eine systematische Prüfung und Bewertung der finalen Angebote anhand der zuvor festgelegten Kriterien. Die genannten Kriterien können dabei beispielsweise den Preis, die Qualität, die Lieferzeit, die technische Kompetenz sowie weitere relevante Faktoren umfassen. Die Evaluierung erfolgt in der Regel durch ein Team von Expertinnen und Experten, welches die Angebote unabhängig und objektiv beurteilt. Das Ziel besteht in der Auswahl desjenigen Angebots, welches den größten Gesamtwert bietet, wobei sowohl wirtschaftliche als auch qualitative Aspekte Berücksichtigung finden.

Im Anschluss an die Evaluierung besteht die Möglichkeit, **Verhandlungen** mit dem präferierten Anbieter zu führen, um die finalen Details des Vertrags zu klären und potenziell bessere Konditionen auszuhandeln. Diese Phase ist von entscheidender Bedeutung, um sicherzustellen, dass beide Parteien alle Aspekte des Vertrags vollständig verstehen und akzeptieren. In der Verhandlungsphase können Preisnachlässe, Lieferbedingungen oder zusätzliche Leistungen thematisiert werden. Ein erfolgreicher Abschluss der Verhandlungen resultiert in einem klaren und verbindlichen Vertrag.

Die **Auftragsvergabe** markiert den offiziellen Abschluss des Beschaffungsprozesses. Der ausgewählte Anbieter wird hieraufhin offiziell benachrichtigt, woraufhin der Vertrag unterzeichnet wird. In dieser Phase erfolgt zudem die Information sämtlicher relevanter interner und externer Stakeholder. Die Auftragsvergabe beinhaltet in der Regel auch eine Bekanntgabe der Entscheidung, um Transparenz zu gewährleisten und die anderen Anbieter über das Ergebnis zu informieren. Nach der Auftragsvergabe beginnt die Umsetzung des Projekts bzw. die Lieferung der Waren oder Dienstleistungen gemäß den vereinbarten Bedingungen.

Bestbieterprinzip oder Billigstbieterprinzip

Primär stellt sich bei allen Beschaffungsvorgängen die Frage, ob eine (öffentliche) Ausschreibung, die typisch für B2G-/B2B-Geschäftsfälle ist, nach dem „Bestbieter"-Prinzip oder dem „Billigstbieter"-Prinzip erfolgt. Diese Fragestellung lässt sich auch auf den privaten Gebrauch übertragen, beispielsweise bei der Anschaffung eines neuen Fahrzeugs, eines Hauses oder eines modernen Laptops.

Im englischen Sprachgebrauch findet sich zudem der Begriff **„Best Value Principles (BVP)"**. Dieser Begriff erscheint mir präziser, da er den Wert („Value") eines Produktes oder einer Lösung in den Vordergrund stellt, während beim deutschen Wort des „Bestbieterprinzips" der Anbieter und nicht dessen angebotene Leistung im Vordergrund steht. Um die Lesbarkeit zu erleichtern, werde ich auf den kommenden Seiten jedoch beim deutschsprachigen Begriff bleiben.

Das Billigstbieterprinzip basiert auf der Evaluierung der Anbieter primär anhand des Angebotspreises, wodurch der günstigste Anbieter den Zuschlag erhält. Ein Extrembeispiel dieser Variante findet sich in vielen öffentlichen Ausschreibungen in Indien, bei denen die Anbieter verpflichtet sind, sämtliche Anforderungen der Ausschreibung zu erfüllen (sog. „100 % compliant"). Im Anschluss müssen sie sich in einer sogenannten „Reverse Auction" gegen ihre Mitbewerber behaupten. In der Konsequenz kann festgehalten werden, dass bei diesem Prozess am Ende immer der Anbieter mit dem niedrigsten Preis als Gewinner hervorgeht. Dies ist darauf zurückzuführen, dass die Bieter dazu gezwungen sind, sich gegenseitig zu unterbieten, um den Auftrag zu erhalten. Ein Nachteil für die ausschreibende Stelle bei diesem Format besteht darin, dass bei einer unzureichenden Spezifikation der Anforderungen auch Anbieter teilnehmen, die den Anforderungen, beispielsweise in einem komplexen B2G-Projektgeschäft, nicht gewachsen sein können.

Vielleicht haben Sie selbst im privaten Umfeld bereits Erfahrungen mit dem Bau eines Hauses oder sonstigen Handwerksleistungen gemacht. Wenn eine ungenaue Spezifikation erfolgt und der Preis als einziges Evaluierungskriterium herangezogen wird, können sich rasch Probleme einstellen, die im Vorfeld nicht beabsichtigt waren und zu Mehrkosten führen. Die These, dass der Kauf von Produkten oder Dienstleistungen zu einem niedrigen Preis letztlich zu höheren Kosten führt, hat sich in der Praxis vielfach bestätigt – sowohl im privaten Kontext als auch im Rahmen von Beschaffungsvorhaben im Geschäftsbereich.

Im Rahmen des Bestbieterprinzips findet eine Gewichtung des Angebotspreises statt, sodass dieser nicht zu 100 % in die Evaluierung einfließt. Der Anteil des Preises an der Evaluierung liegt typischerweise zwischen 30 % und 70 %. Dies bedeutet, dass der Preis ein Zuschlagskriterium darstellt, welches durch weitere Kriterien ergänzt wird.

Ausschreibungsverfahren

Im Rahmen der Beschaffung von Produkten oder Dienstleistungen stehen Ihnen in der Regel diverse Optionen zur Gestaltung des Ausschreibungsverfahrens zur Verfügung.

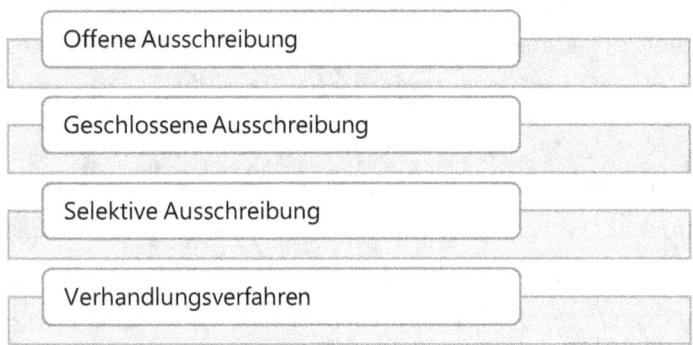

Die **offene Ausschreibung** stellt ein Verfahren dar, bei dem eine öffentliche Bekanntmachung erfolgt, welche alle interessierten Anbieter zur Abgabe eines Angebots einlädt. Dieses Verfahren findet häufig bei öffentlichen Aufträgen (B2G-Business) Anwendung, um Transparenz und Wettbewerb zu gewährleisten. Alle potenziellen Anbieter haben die Möglichkeit, sich zu bewerben, was zu einer breiten Auswahl an Angeboten führt.

Vorteile	Nachteile
Transparenz: Durch die öffentliche Bekanntmachung wird sichergestellt, dass alle interessierten Anbieter die gleichen Informationen erhalten und die gleichen Chancen haben.	**Zeitaufwendig:** Die Durchführung einer offenen Ausschreibung kann zeitaufwendig sein, da viele Angebote geprüft werden müssen.
Wettbewerb: Die offene Ausschreibung fördert den Wettbewerb, was zu besseren Preisen und Konditionen führen kann.	**Kosten:** Die Verwaltung und Prüfung der zahlreichen Angebote können mit hohen Kosten verbunden sein.
Vielfalt: Eine breite Auswahl an Angeboten ermöglicht es dem Auftraggeber, das beste Angebot auszuwählen.	**Qualität:** Es besteht das Risiko, dass Anbieter mit geringer Erfahrung oder unzureichender Qualifikation Angebote einreichen.

Im Rahmen einer **geschlossenen Ausschreibung** erfolgt die Einladung zur Angebotsabgabe ausschließlich an ausgewählte Anbieter. Dieses Verfahren findet insbesondere dann Anwendung, wenn der Auftraggeber bereits über eine Liste qualifizierter Anbieter verfügt und eine Kontinuität in der Zusammensetzung der Bieter gewährleisten möchte.

Vorteile	Nachteile
Qualität: Da nur ausgewählte Anbieter eingeladen werden, ist die Wahrscheinlichkeit höher, dass qualitativ hochwertige Angebote eingereicht werden.	**Weniger Wettbewerb:** Da nur ausgewählte Anbieter eingeladen werden, kann der Wettbewerb eingeschränkt sein, was zu höheren Preisen führen kann.
Effizienz: Prüfung der Angebote ist weniger zeitaufwendig, da nur begrenzte Anzahl von Angeboten eingereicht wird.	**Begrenzte Auswahl:** Die Auswahl an Angeboten ist begrenzt, was die Möglichkeit einschränkt, das beste Angebot zu finden.
Vertraulichkeit: Die geschlossene Ausschreibung kann vertraulicher durchgeführt werden, da weniger Anbieter beteiligt sind.	**Potenzielle Voreingenommenheit:** Es besteht das Risiko, dass der Auftraggeber voreingenommen ist und bestimmte Anbieter bevorzugt.

Die **selektive Ausschreibung** kombiniert Elemente der offenen und geschlossenen Ausschreibung. Zunächst erfolgt eine öffentliche Bekanntmachung, auf die interessierte Anbieter reagieren können. Im Anschluss findet eine Vorauswahl der geeignetsten Anbieter statt, welche zur Abgabe eines Angebots eingeladen werden.

Vorteile	Nachteile
Qualität und Wettbewerb: Fördert sowohl die Qualität der Angebote als auch den Wettbewerb, da nur die besten Anbieter zur Angebotsabgabe eingeladen werden.	**Zeitaufwendig:** Die Durchführung der Vorauswahl kann zeitaufwendig sein.

Vergabeverfahren nach Bestbieterprinzip

Vorteile	Nachteile
Effizienz: Die Vorauswahl der Anbieter reduziert die Anzahl der zu prüfenden Angebote, was den Prozess effizienter macht.	**Kosten:** Die Verwaltung der Vorauswahl und der anschließenden Angebotsprüfung kann mit zusätzlichen Kosten verbunden sein.
Flexibilität: Der Auftraggeber kann die Kriterien für die Vorauswahl anpassen, um sicherzustellen, dass nur qualifizierte Anbieter teilnehmen.	**Transparenz:** Es besteht das Risiko, dass der Prozess der Vorauswahl weniger transparent ist als eine offene Ausschreibung.

Das **Verhandlungsverfahren** stellt eine besondere Form der Auftragsvergabe dar, bei der der Auftraggeber direkt mit einem oder mehreren Anbietern verhandelt, um die für ihn optimalen Konditionen zu erzielen. Dieses Verfahren findet häufig bei komplexen oder spezialisierten Projekten Anwendung, bei denen eine enge Zusammenarbeit zwischen Auftraggeber und Anbieter erforderlich ist.

Vorteile	Nachteile
Flexibilität: Das Verhandlungsverfahren bietet dem Auftraggeber die Flexibilität, die Bedingungen des Vertrags direkt mit den Anbietern auszuhandeln.	**Weniger Wettbewerb:** Da nur ausgewählte Anbieter an den Verhandlungen teilnehmen, kann der Wettbewerb eingeschränkt sein.
Anpassungsfähigkeit: Der Auftraggeber kann spezifische Anforderungen und Änderungen während der Verhandlungen berücksichtigen.	**Transparenz:** Das Verhandlungsverfahren ist weniger transparent als eine offene Ausschreibung, da die Verhandlungen hinter verschlossenen Türen stattfinden.
Qualität: Durch direkte Verhandlungen kann der Auftraggeber sicherstellen, dass die Anbieter die erforderlichen Qualifikationen und Erfahrungen haben.	**Zeitaufwendig:** Die Verhandlungen können zeitaufwendig sein, insbesondere bei komplexen Projekten.

Ausschreibungsgestaltung und Bekanntmachung

Im Rahmen der Entscheidung für ein Vergabeverfahren ist die Festlegung der anzuwendenden Vergabekriterien und des Vergabeverfahrens von essentieller Bedeutung. Hierbei kann das folgende, oft verwendete Zitat Benjamin Franklins als Leitlinie dienen: "**Der Ärger über schlechte Qualität währt länger als die Freude über den niedrigen Preis.**"

Selbstverständlich muss der wirtschaftliche Aspekt – und damit auch der Angebotspreis von unterschiedlichen Anbietern – in den Evaluierungskriterien einer Ausschreibung verankert sein. Eine ausschließliche Fokussierung auf den Preis bei gleichzeitiger Vernachlässigung von Qualität und Fähigkeiten der Anbieter führt jedoch oft dazu, dass die Freude über den günstigen Preis nur von kurzer Dauer ist und langfristig gesehen zu Unzufriedenheit führt.

Die Art des Ausschreibungsverfahrens kann durchaus unterschiedlich sein, jedoch ist in allen typischen B2G-Fällen davon auszugehen, dass Anbieter Angebote abgeben. In diesem Zusammenhang stellt sich die Frage, auf welche Weise man von veröffentlichten Ausschreibungen erfährt.

Unter der Voraussetzung einer effektiven Phase des Opportunity-Developments durch einen potenziellen Anbieter kann davon ausgegangen werden, dass dieser auch über die entsprechenden Kenntnisse bezüglich des Zeitpunkts und der Modalitäten der Ausschreibung eines Vergabeprojekts durch einen potenziellen Kunden verfügt. Somit können etwaige Überraschungen vermieden und eine adäquate Vorbereitung seitens der Anbieter gewährleistet werden.

In diesem Zusammenhang stellt sich die Frage, auf welche Weise sich Interessentinnen und Interessenten über veröffentlichte oder geplante Ausschreibungsverfahren informieren können, sofern sie bislang keinen direkten Kontakt zu den ausschreibenden Institutionen hatten. Wie bereits mehrfach dargelegt, handelt es sich im B2G-Geschäft typischerweise um Vergabeverfahren, welche öffentlich ausgeschrieben werden. Dies wiederum erleichtert die Kenntnis von Ausschreibungen sowie die Teilnahme daran. Auch in diesem Kontext erweist sich das Internet als vorzügliche Informationsquelle. In einer Vielzahl von Fällen des B2G-Geschäfts werden Ausschreibungen von Behörden, Unternehmen des öffentlichen Sektors oder Unternehmen im Umfeld des öffentlichen Sektors entweder direkt auf der eigenen Homepage oder auf der Homepage des dazugehörigen Ministeriums veröffentlicht. In einigen Ländern existieren zudem Ausschreibungsportale, welche von der Verwaltung betrieben werden und auf denen alle Ausschreibungen des öffentlichen Sektors publiziert werden.

In Europa existieren überregionale Ausschreibungsportale, von denen an dieser Stelle diejenigen beispielhaft erwähnt werden sollen, welche von der EU oder auch der Europäischen Bank für Wiederaufbau und Entwicklung (EBRD) zur Verfügung gestellt werden. Das Portal der EU [13] ermöglicht die Erstellung von Suchprofilen, welche eine gezielte Suche nach Ausschreibungen von bestimmten Gütern und Dienstleistungen, gefiltert nach Ländern und Kunden, erlaubt. Das Portal der EBRD[14] funktioniert nach einem ähnlichen Prinzip, wobei der Fokus hier auf EBRD-unterstützten Beschaffungsvorhaben liegt. Ein Vorteil beider Portale – jenem der EU und jenem der EBRD – besteht darin, dass in vielen Fällen auch die finale Vergabe von Aufträgen publiziert wird. Auf diese Weise können Sie Preise von Mitbewerbern in Erfahrung bringen, sofern diese einen Auftrag erhalten haben.

Auch private Anbieter behaupten von sich, sämtliche Ausschreibungen weltweit zu listen. Es existieren zweifellos seriöse Anbieter auf diesem Markt, jedoch ist bei der Bereitstellung von Daten im Rahmen einer Registrierung auf den genannten Portalen eine gewisse Sensibilität geboten. Es wird empfohlen, auf Portale von Verwaltungen, Regierungen oder, wie zuvor erwähnt, der EU zurückzugreifen. Eine Übersicht über lokale Ausschreibungsportale diverser Länder weltweit ist auf der Homepage der Weltbank (Global Public Procurement Database [15]) zu finden. Zusätzlich werden länderspezifische Daten bereitgestellt.

Es sei darauf verwiesen, dass das Screening von Ausschreibungsdatenbanken selbst mit Filtersetzung einen gewissen Aufwand darstellt. Sofern nicht Sie als potenzieller Anbieter selbst oder eine Person aus Ihrer Vertriebsorganisation diese Datenbanken screent, ist es empfehlenswert, eine Person innerhalb des Unternehmens speziell mit diesen Screening-Tasks zu betrauen. Es handelt sich dabei nicht um eine Vollzeitstelle, jedoch ist es von Vorteil, zumindest über Ausschreibungen informiert zu sein und die dafür erforderliche Zeit zu investieren.

Die Entscheidung, ob eine Teilnahme an der Ausschreibung erfolgen soll, kann zu einem späteren Zeitpunkt getroffen werden. Vorab ist jedoch zu eruieren, ob Ausschreibungen existieren, die für das jeweilige Unternehmen von Relevanz sind. Im Falle einer positiven Entscheidung ist eine detaillierte Kenntnis der konkreten Inhalte der Ausschreibungen erforderlich.

Sofern Sie selbst als potenzieller Kunde und nicht als Bieter eine Ausschreibung planen, unterliegen Sie im B2G-Bereich dem öffentlichen Vergaberecht. Das **öffentliche Vergaberecht** definiert die Verfahren und Bedingungen, welche von öffentlichen

Auftraggebern bei der Durchführung ihrer Beschaffungsmaßnahmen zu berücksichtigen sind. Das Ziel des Vergaberechts besteht in der Gewährleistung von Transparenz, Wettbewerb und Gleichbehandlung im Beschaffungsprozess sowie in der Förderung des effizienten Einsatzes öffentlicher Mittel. Es ist erforderlich, dass Vergabeverfahren transparent gestaltet und lückenlos dokumentiert werden. Zu den grundlegenden Prinzipien zählt die Veröffentlichung der Ausschreibungen, die Offenlegung der Auswahlkriterien sowie die Dokumentation der Entscheidungsprozesse. Es ist sicherzustellen, dass alle Bieter gleich behandelt werden und vor Diskriminierung geschützt sind. Dies impliziert die **Evaluierung der Angebote gemäß zuvor definierter Kriterien** in einer fairen und objektiven Art und Weise. Es obliegt den Vergabestellen, für die Sicherstellung eines fairen Wettbewerbs zu sorgen. Dies erfolgt durch die Festlegung angemessener Ausschreibungsfristen sowie die Vermeidung übermäßiger Hindernisse für potenzielle Bieter. Die Anforderungen und Bedingungen der Ausschreibung müssen in einem angemessenen Verhältnis zum Auftragsgegenstand stehen. Es ist darauf zu achten, dass unverhältnismäßige Anforderungen vermieden werden, um eine unnötige Ausschlusswirkung gegenüber Bietern zu verhindern. Im Rahmen von Vergabeverfahren können Anforderungen hinsichtlich der Nachhaltigkeit und Innovation gestellt werden. Dies kann beispielsweise durch die Berücksichtigung von Umweltstandards und sozialen Kriterien in der Bewertung der Angebote erfolgen. Es obliegt den Vergabestellen, dafür Sorge zu tragen, dass sämtliche relevante nationale und – im Falle von Ausschreibungen im EU-Raum – europäische Vorschriften eingehalten werden. Dies umfasst sowohl die Verfahrensvorschriften als auch spezifische Rechtsnormen, wie etwa das Arbeitsrecht und Umweltschutzvorschriften. Zudem müssen Mechanismen bereitgestellt werden, welche es Bietern ermöglichen, sich rechtskonform zu beschweren, sofern sie der Auffassung sind, dass das Vergabeverfahren fehlerhaft war oder ihre Rechte verletzt wurden.

Die genannten Elemente dienen der Gewährleistung eines fairen und effizienten öffentlichen Beschaffungswesens, welches dem Gemeinwohl dient und einen Missbrauch öffentlicher Mittel verhindert.

Unabhängig davon, dass im Regelfall das B2G-Geschäft ein eher träges Umfeld darstellt und Änderungen sowie neue Entwicklungen eher langsam Einzug halten, ist davon auszugehen, dass sich auch in diesem Bereich die Erde fortlaufend weiterdrehen wird. Wer bereits jetzt die Weichen für die Zukunft stellt, kann späteren Adaptierungsprozessen, die in der Regel mit einem gewissen Zeitdruck einhergehen, gelassen entgegenblicken. Diese verlaufen in der Regel nicht optimal und sind mit Schmerzen und Mühen verbunden. Die durch die COVID-19-Pandemie bedingte schwierige Phase hat in vielen Bereichen dazu geführt, dass Maßnahmen und Prozesse in einer Art und Weise angepasst wurden, wie sie sich speziell im öffentlichen Sektor bzw. B2G vor dem Jahr 2020 nicht hätten vorstellen lassen. Als Beispiel sei die Anwendung digitaler Signaturen bei Vertragsabschlüssen mit Unternehmen im öffentlichen Sektor genannt, die zuvor undenkbar gewesen wäre.

Die Gestaltung von Ausschreibungen sowie die Definition der Kriterien der Angebotsevaluierung stellen wesentliche Elemente im Rahmen der Beschaffung von Leistungen dar. Eine allgemeingültige Version kann an dieser Stelle nicht präsentiert werden, da die Kriterien bzw. deren Ausgestaltung in hohem Maße vom zugrunde liegenden Geschäft abhängig sind. In Abhängigkeit von den Anforderungen an die ausgeschriebene Lösung können manche

Kriterien nicht zur Anwendung gebracht werden oder es sollte eine unterschiedliche Gewichtung verwendet werden. In der folgenden Tabelle sind mögliche Kriterien für Ausschreibungen im lösungsbasierten Projektgeschäft exemplarisch zusammengefasst, inklusive einer möglichen Gewichtung.

Kriterium	Mögliche Gewichtung
Angebotspreis	30 – 70 %
Finanzielle Fähigkeiten des Bieters	10 – 15 %
Projekterfahrung des Bieters	5 – 10 %
Notwendige Zertifizierungen	5 – 10 %
Technische Anforderungen	10 – 30 %
Sonstige Kriterien	5 – 10 %

Detaillierte Informationen zu möglichen Bestbieterkriterien finden Sie im folgenden Kapitel (Bestbieterverfahren: Evaluierungskriterien).

3. Bestbieterverfahren: Evaluierungskriterien

Das Bestbieterverfahren, auch als „Best Value Procurement" bezeichnet, hat seine Ursprünge im 19. Jahrhundert und wurde erstmals in Großbritannien eingeführt. Das Ziel dieses Verfahrens besteht in der Erweiterung der reinen Preisbetrachtung um qualitative und ökonomische Aspekte. Diese Vorgehensweise resultierte aus der Notwendigkeit, eine faire und transparente Methode zur Vergabe öffentlicher Aufträge zu etablieren. Im Verlauf des 20. Jahrhunderts fand das Bestbieterverfahren in einer Vielzahl von Ländern weltweit Anwendung. Die Verbreitung dieses Verfahrens wurde durch die fortschreitende Globalisierung sowie die Implementierung moderner Beschaffungsmethoden begünstigt. In der Folge wurde das Bestbieterverfahren in eine Vielzahl von Ländern adaptiert, darunter die Vereinigten Staaten, Deutschland, Frankreich sowie zahlreiche weitere europäische und nicht-europäische Staaten. In der Gegenwart findet das Bestbieterverfahren in einer Vielzahl von Ländern weltweit Anwendung, insbesondere in der Europäischen Union, wo es durch verschiedene Richtlinien und Verordnungen reguliert wird. Das Ziel besteht in der Förderung nachhaltiger und innovativer Lösungen, welche sowohl ökonomisch als auch sozial und ökologisch vorteilhaft sind.

Daher die gute Nachricht: die Anwendung eines **Bestbieterverfahrens** ist **weltweit in vielen Industrienationen möglich** und wird durch entsprechende Gesetzgebung auch unterstützt. Das Bestbieterverfahren kann damit in Ländern wie z. B. den Vereinigten Staaten, Kanada, den Niederlanden, Norwegen, Polen, Österreich, Tschechien, Botswana, Saudi-Arabien, Malaysia, Indien und Australien zur Anwendung kommen.

Die Evaluierung der Angebote stellt einen wesentlichen Schritt im Rahmen der Auftragsvergabe dar. Die dabei zur Anwendung kommenden Kriterien sind von entscheidender Bedeutung für die Auswahl des optimalen Anbieters. Dabei ist ein ausgewogenes Verhältnis zwischen der Berücksichtigung von Kostenaspekten und der Auswahl des am besten geeigneten Anbieters zu finden.

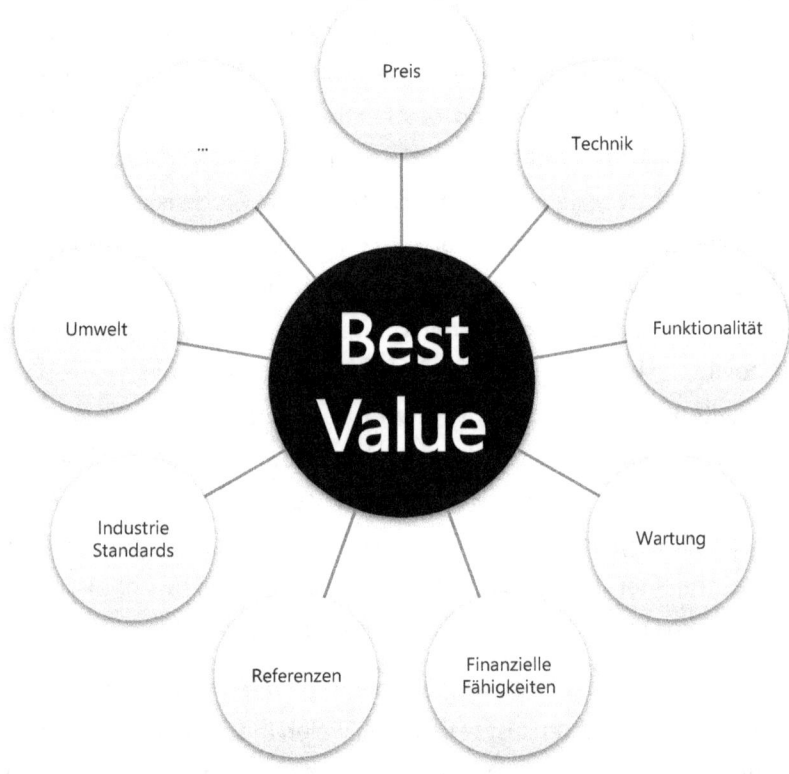

Abb. 3: Bestbieterkriterien (Beispiele)

Weitere Kriterien, die in Ausschreibungen häufig genannt werden, umfassen den Lieferzeitpunkt, den Lieferzeitraum, das Layout/Design bzw. die Usability, den Kundendienst, den Service nach Ablauf der Gewährleistung, eine zusätzliche Gewährleistung oder auch Umwelteigenschaften bis hin zum Energieverbrauch oder der Angebotsqualität inkl. Dokumentation. Hierbei sind der Kreativität keine Grenzen gesetzt. Nachfolgend finden Sie einige Beispiele von weiteren Kriterien, die im Zuge eines Beschaffungsvorgangs zur Anwendung kommen könnten:

- Im Rahmen der Angebotsabgabe ist seitens des Bieters eine Beschreibung erforderlich, in welcher Form die angebotene Lösung die Nachhaltigkeitsziele des Benutzers sowie seiner Organisation unterstützt.
- Die Beurteilung der Qualität, Vollständigkeit und des beschreibenden Detailierungsgrads des Angebots erfolgt anhand verschiedener Kriterien. Zunächst ist hierbei die Vollständigkeit der behandelten Themen von Relevanz. Des Weiteren wird die Klarheit der Erklärungen, die Lesbarkeit sowie die Unterstützung durch entsprechende Nachweise bewertet.
- Der Bieter ist dazu verpflichtet, für die Durchführung der erforderlichen Arbeiten entsprechend qualifiziertes Personal bereitzustellen. Darüber hinaus sind Lebensläufe des Personals vorzulegen, die für die Auftragsabwicklung vorgesehen sind.

Ein wesentliches Problem bei Beschaffungsvorhaben ist die Diskrepanz zwischen der Erwartung der Kunden, den „Best Value" zu erhalten, und der Ausgestaltung der Ausschreibung bzw. der Vergabekriterien. Um sicherzustellen, dass die Bestbieterkriterien tatsächlich zur Anwendung kommen und die Kunden den gewünschten „Best Value" erhalten, müssen sie ein integraler Bestandteil der Ausschreibungsanforderungen und Evaluierungskriterien sein. Das Bestbieterverfahren hat sich über die vergangenen Jahrzehnte als eine effektive Methode zur Erzielung optimaler Gesamtwerte für öffentliche Aufträge etabliert. Die Berücksichtigung von Qualitäts-, Leistungs- und Nachhaltigkeitsaspekten neben den Kosten fördert die Entwicklung innovativer und langfristig vorteilhafter Lösungen.

Transparenz

Sie können erkennen, dass eine Vielzahl an Kriterien zur Anwendung kommen können und in vielen Fällen eigentlich auch zur Anwendung kommen sollten. Der wohl wichtigste Aspekt bei Ausschreibungen, die gemäß dem Bestbieterprinzip durchgeführt werden, ist jedoch aus meiner Sicht die **Gewährleistung von Offenheit und Transparenz**. Die Effektivität der Kriterien ist jedoch begrenzt, wenn sie nicht adäquat kommuniziert werden. Die Voraussetzung für einen transparenten Ausschreibungsprozess ist die Bekanntgabe der Kriterien, welche Teil der Ausschreibung sein müssen. Dies erfolgt in der Regel im einleitenden Teil einer öffentlichen Ausschreibung. Zudem ist eine Rückmeldung der Ergebnisse an die Anbieter nach Abschluss der Evaluierung erforderlich. Diese Vorgehensweise sollte bei jeder Art von Ausschreibung das oberste Ziel sein, um einen fairen Wettbewerb sicherstellen zu können. Insbesondere bei Ausschreibungen im öffentlichen Bereich ist eine transparente Vorgehensweise von essentieller Bedeutung, da in diesem Bereich ausschreibende Stellen in vielen Fällen mit öffentlichen Geldern agieren, welche vielfach durch Steuerinnahmen finanziert werden.

An dieser Stelle sei mir eine persönliche Meinung gestattet: Steuerzahlerinnen und Steuerzahler haben selbstverständlich das Recht, zu erfahren, nach welchen Kriterien mit den von ihnen gezahlten Steuergeldern öffentliche Beschaffungen durchgeführt werden. Die Ergebnisse des Parlamentarischen Untersuchungsausschusses [16] zur Vergabe des Projekts der deutschen Pkw-Autobahnmaut zeigen, dass Transparenz absolut notwendig ist, wenn es um die Vergabe von öffentlichen Aufträgen und die Verwendung von öffentlichen Geldern geht.

Anforderungen an den zu leistenden Lieferumfang

Im Rahmen jeder Beschaffung bildet das zu beschaffende Produkt, die zu beschaffende Lösung bzw. die zu beschaffende Leistung den Mittelpunkt der Betrachtung. Dabei ist zu berücksichtigen, dass es spezifische Problembereiche gibt, die von den Kunden als besonders relevant erachtet werden und die es zu adressieren gilt, da andernfalls kein Beschaffungsprozess initiiert worden wäre.

Aus diesem Grund werden die Anforderungen in ein Pflichtenheft überführt, welches als integraler Bestandteil jeder Ausschreibung fungiert. Die Angebote der Bieter orientieren sich an den vorgegebenen Anforderungen, wobei davon auszugehen ist, dass die Bieter im Normalfall das anbieten, was verlangt ist, aber eben auch nicht mehr. Demgegenüber existieren in den meisten Fällen Anforderungen, die seitens des Kunden als dringend erforderlich erachtet werden, sowie sogenannte „Nice-to-have"-Anforderungen, die zwar einen Vorteil für den Kunden darstellen würden, jedoch nicht als dringend notwendig erachtet werden. Für diese Unterscheidung bietet die sprachliche Unterscheidung zwischen „MUSS" (engl. must bzw. shall) und „KANN" (engl. should) innerhalb des Spezifikationsdokuments den idealen Rahmen.

Ich empfehle Ihnen, sicherzustellen, dass die dringenden benötigten Punkte auch als „MUSS"-Bestimmung formuliert sind. Alle Anbieter müssen diesen Anforderungen entsprechen, da es bestimmte Themen und Bereiche gibt, auf die der Kunde nicht verzichten kann. Die Anzahl derartiger „MUSS"-Bestimmungen sollte so gering wie möglich sein, da sie sonst den Kreis der Anbieter limitiert. Ein Beispiel für eine derartige Anforderung wäre die Beschaffung eines Autos, bei der das Auto vier Räder haben muss. Anbieter, die diese Kategorie von Anforderungen nicht erfüllen können, werden sofort aus der weiteren Evaluierung und damit vom Beschaffungsprozess ausgeschlossen, sofern dies auch in den Ausschreibungsunterlagen entsprechend vermerkt wird.

Die zuvor erwähnten Funktionalitäten, deren Implementierung nicht als zwingend erforderlich erachtet wird, jedoch einen Zusatznutzen für den Kunden generieren würden, können im Anforderungsdokument als „KANN"-Bestimmungen formuliert werden. In diesem Fall erfolgt kein Ausschluss der jeweiligen Bieter vom weiteren Beschaffungsprozess, sofern die genannten Anforderungen nicht erfüllt werden. Die Angebote werden in diesem Fall gemäß der weiteren Evaluierungskriterien evaluiert. Es wird jedoch empfohlen, diese „KANN"-Bestimmungen mit entsprechenden Evaluierungspunkten zu hinterlegen. Dies impliziert, dass Anbieter, welche Lösungen vorweisen, welche die genannten Anforderungen erfüllen, auch entsprechende Evaluierungspunkte erhalten.

Die **Gewichtung** dieser „KANN"-Kriterien sollte mit einem Anteil von ca. **10 – 30 %** innerhalb der gesamten Evaluierung erfolgen. Der Wert erscheint relativ gering, wenn man ihn mit den Anforderungen an die anzubietende Leistung vergleicht. Dies ist jedoch dadurch zu erklären, dass es sich bei den Evaluierungskriterien nur noch um die „nice-to-have"-Anforderungen handelt, da die dringend benötigten Anforderungen bereits als „MUSS"-Anforderung in der Ausschreibung verankert sind.

Evaluierungskriterium: Preis

Die Evaluierung des Preises ist ein wichtiges Vergabekriterium, und ein umfassender Prozess, der die Berücksichtigung verschiedener Einflussfaktoren erfordert. Dabei stehen in der Regel die CAPEX-Kosten (d.h. die Beschaffungskosten) im Vordergrund. In jüngerer Zeit hat jedoch eine Verschiebung hin zur Bewertung der OPEX-Kosten (d.h. der laufenden Betriebskosten) stattgefunden. Dies erfordert von den Anbietern die Offenlegung und die Berücksichtigung von Folgekosten, wie beispielsweise Wartungskosten, in ihren Angeboten.

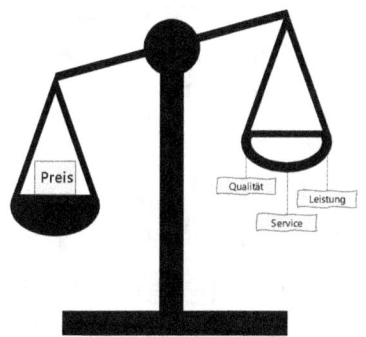

Bei der Anwendung von Bestbieterkriterien ist es von essentieller Bedeutung, ein ausgewogenes Verhältnis zwischen Preis und Qualität sicherzustellen. Eine gängige Methode ist die **Gewichtung** der Evaluierungskriterien mit einem Anteil von **ca. 30 %** für den Preis. Durch die Begrenzung der Preisgewichtung auf etwa 30 % wird sichergestellt, dass eine ganzheitliche Bewertung der Angebote erfolgt, welche sowohl den Preis als auch andere wesentliche Kriterien wie zum Beispiel Qualität, Service und Leistung in angemessener Weise einbezieht und diese nicht zum „Leichtgewicht" verkommen lässt.

Dumping-Anbieter: Abnormally Low Bid

In einigen Ländern wird die Verwendung von Dumpinganbietern durch ausschreibende Stellen dadurch unterbunden, dass die bei der Preisevaluierung zum Einsatz kommende Formel entweder nicht linear ist oder dass ein unteres

Limit bekannt gegeben wird, welches nicht unterschritten werden darf. Das untere Limit orientiert sich beispielsweise an im Vorfeld durchgeführten Marktstudien der ausschreibenden Stelle. Bei Unterschreitung dieses Limits werden dem jeweiligen Anbieter keine Punkte beim Preiskriterium zugewiesen, oder der Anbieter wird vom weiteren Vergabeprozess ausgeschlossen. Auf diese Weise wird verhindert, dass Dumpinganbieter in eine seriöse Bewertung gelangen.

> **i** Dumping-Anbieter bereits vor der Preis-Evaluierung ausschließen!

Unter dem Begriff der „**ungewöhnlich niedrigen Angebote**" (englisch: „**Abnormally Low Bids** (ALB)") haben einige Länder innerhalb der EU bereits Maßnahmen gesetzt, um Billigst-Anbieter bei öffentlichen Vergabeverfahren zu verhindern.

Die **Weltbank** definiert ungewöhnlich niedrige Angebote wie folgt: Obgleich ein ungewöhnlich niedriges Gebot auf den ersten Blick einen vorteilhaften Wert zu repräsentieren scheint, kann es letztlich zu einem höheren Preis für die Gesamtkosten, Vertragsverzögerungen oder gar zum Scheitern des Vertrags führen. Auftragnehmer, die häufig ALBs einreichen, sind mitunter nicht in der Lage, ihre Arbeit zum vereinbarten Preis abzuschließen, oder haben in ihren Angeboten Fehler gemacht, sodass sie die Arbeiten nicht zu diesem Preis abschließen konnten[17].

Auch das **europäische Vergaberecht** (Richtlinie 2014/24/EU des Europäischen Parlaments, beispielsweise Artikel 69) besagt, dass Angebote, die unter diese Kategorie fallen, sogar vom weiteren Vergabeprozess ausgeschlossen werden können. Sofern der Bieter keine hinreichende Begründung für sein Angebot vorbringen kann, sollte der öffentliche Auftraggeber berechtigt sein, dieses abzulehnen. Eine Ablehnung sollte obligatorisch sein, sofern der öffentliche Auftraggeber feststellt, dass die vorgeschlagenen, ungewöhnlich niedrigen Preise oder Kosten daraus resultieren, dass verbindliche sozial-, arbeits- oder umweltrechtliche Unionsvorschriften oder mit dem Unionsrecht in Einklang stehende nationale Rechtsvorschriften oder internationale arbeitsrechtliche Vorschriften nicht eingehalten werden [18].

Wie können nun „ungewöhnlich niedrige Angebote" identifiziert werden. Dazu gibt es unterschiedliche Herangehensweisen, wobei in den meisten Fällen entweder der „absolute" Zugang oder die „relative" Methode gewählt wird.

Im Rahmen der sogenannten „absoluten" Methode erstellt die ausschreibende Stelle eine eigene Kosten- bzw. Preisschätzung. Diese basiert auf der Frage, welche Kosten typischerweise für die ausgeschriebene Lösung am Markt zu veranschlagen sind. In der Folge werden die einzelnen Angebotspreise in Relation zur eigenen Marktpreisschätzung gesetzt. Unterschreitet der Angebotspreis einen zuvor definierten Schwellenwert, beispielsweise 50 % unterhalb der eigenen Marktpreisschätzung, und liegt gleichzeitig keine plausible Erklärung des Bieters vor, können diese Angebote als „Abnormally Low Bids" klassifiziert werden.

Die „relative" Methode basiert auf statistischen Kalkulationen, wobei sämtliche eingegangenen Angebote berücksichtigt werden. Diese Methode funktioniert aus diesem Grund eigentlich nur dann, wenn zumindest drei bis fünf Angebote gelegt wurden. Ein potenzieller „Abnormally Low Bid" wird identifiziert, wenn ein Preis zum Beispiel mehr als die statistische Standardabweichung unter dem Durchschnittspreis aller abgegebenen Angebotspreise liegt. Bei Verwendung dieser Methode unter Anwendung von mathematischen und statistischen Verfahren muss jedoch sichergestellt werden, dass alle Preise kompetitiv, unabhängig und markpreiskonform erstellt wurden – also im freien Wettbewerb.

Gemäß Bundesvergabegesetz in **Österreich** ist die Angemessenheit der abgegebenen Preise zu prüfen, sofern diese nicht in Relation zu vergleichbaren Erfahrungswerten oder relevanten Marktverhältnissen stehen[19].

In der Vergabeverordnung[20] von **Deutschland** findet sich eine ähnliche Bestimmung. Im Falle einer signifikanten Diskrepanz zwischen dem angebotenen Preis bzw. den Kosten und der zu erbringenden Leistung kann der Auftraggeber eine entsprechende Prüfung bzw. Aufklärung seitens des Bieters verlangen. Dabei handelt es sich um eine Aufklärungspflicht für den öffentlichen Auftraggeber, bei der er keinen Beurteilungsspielraum hinsichtlich der Frage hat, ob er eine Aufklärung durchführt. Die Feststellung, ob ein Angebot ungewöhnlich niedrig ist, kann beispielsweise durch den Vergleich mit den anderen eingegangenen Angeboten erfolgen[21].

In **Portugal** wird durch Anwendung der „relativen" Methode ein Angebotspreis als „ungewöhnlich niedriges Angebot" klassifiziert, wenn der angebotene Preis unterhalb von 40–50 % des von der ausschreibenden Stelle definierten Budgetpreises („Basispreis") liegt [22]. Der öffentliche Auftraggeber kann auch abweichende „Unregelmäßigkeits-Schwellenwerte" festlegen, sollte diese Informationen jedoch potenziellen Bietern vorab in den Vergabeunterlagen mitteilen.

Das Gesetz über das öffentliche Auftragswesen in **Polen** ermöglicht einen ähnlichen Zugang wie Polen. Sollte der angebotene Preis oder die angebotenen Kosten oder deren wesentliche

Bestandteile im Verhältnis zum Vertragsgegenstand ungewöhnlich niedrig erscheinen, den Vertragsgegenstand beeinträchtigen oder beim Auftraggeber Zweifel an der Vertragserfüllung aufkommen lassen, ist der Auftraggeber berechtigt, vom Auftragnehmer die Abgabe von Erläuterungen einschließlich der Vorlage von Nachweisen zur Berechnung des Preises oder der Kosten zu verlangen. Dies gilt auch für Unterlagen, sofern diese in der Ausschreibung festgelegt sind oder sich aus gesonderten Bestimmungen ergeben. In Polen findet hier ein Limit von 30 % Anwendung im Zuge der oben beschriebenen „relativen" Methodik[23].

In **Italien** kam bis 2023 ein ähnliches Verfahren zur Anwendung, jedoch stehen fünf unterschiedliche Referenz-/Schwellenwerte zu Verfügung (Rechtsbasis: Decreto Legislativo 18 aprile 2016, n. 50, Artikel 97). Welche der fünf möglichen Berechnungsmethoden zur Anwendung kam wurde durch Los und damit Zufall bestimmt, um die Referenzparameter und damit Schwellwerte der möglichen Disqualifikation für die Anbieter nicht vorbestimmbar zu machen. Das neue Ausschreibungsgesetz[24] in Italien sieht diese kreative Methode nicht mehr vor, referenziert jedoch ebenfalls auf die Richtlinie 2014/24 der EU. Damit bietet auch das aktuelle italienische Ausschreibungsrecht unter Artikel 110 („Offerte anormalmente basse") Möglichkeiten um Dumping-Anbieter vom weiteren Vergabeprozess auszuschließen.

> Es empfiehlt sich, mit lokalen Rechtsanwälten, auf lokalen Vergabeportalen oder mit lokalen Interessensvertretungen zu eruieren, welche Maßnahmen in dem jeweiligen Land ergriffen werden können, um "Abnormally Low Bids" und damit Dumpingpreis-Anbieter zu verhindern.

Formel zur Preisevaluierung

Da der Preis in vielen Ausschreibungen weiterhin eine sehr hohe Gewichtung erfährt – auch wenn „Abnormally Low Bids" möglicherweise schon ausgeschlossen sind – möchte ich Ihnen zur Preisevaluierung noch einen Tipp geben:

> Evaluierungen des Preises nicht linear gestalten oder mit unteren Preisgrenzen versehen!

Bei einer linearen Preisformel der Preisevaluierung wird der billigste Anbieter mit 100 % der gewichteten Punkte bewertet, während der teuerste Anbieter nicht automatisch 0 %, sondern den Prozentwert erhält, um den er teurer angeboten hat. Sofern der teuerste Anbieter um 100 % oder mehr teurer angeboten hat, wird dieser Anbieter mit null Punkten bewertet.

Als Alternative kann eine Formel herangezogen werden, bei der die Evaluierungspunkte nicht linear, sondern in einer anderen Funktion berechnet werden. Dadurch werden Anbieter, die in einer engen Konkurrenzsituation zueinander stehen, preislich ähnlich bewertet. Dies führt dazu, dass weitere qualitative Evaluierungskriterien an Bedeutung gewinnen.

Evaluierungskriterium: Preis

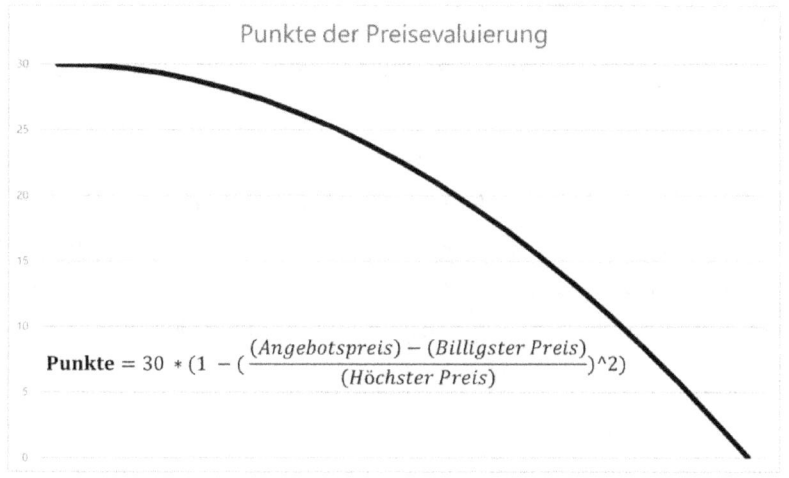

Abb. 4: Formel Angebotspreisevaluierung (30% Gewichtung)

Das angeführte Beispiel veranschaulicht die Punktekurve, welche sich aus einer angenommenen Gewichtung des Angebotspreises mit 30 % ergibt. Dies bedingt, dass die maximal erreichbare Punktezahl mit 30 limitiert ist. Dennoch wird dem teuersten Anbieter nicht automatisch null Punkte zugewiesen, selbst wenn er mehr als 100 % teurer wäre.

Die Formel aus diesem Beispiel bringt immer den zu evaluierenden Preis („Angebotspreis"), den Preis des billigsten Anbieters („billigster Preis") und den teuersten Anbieter („höchster Preis") zur Anwendung und in Relation zueinander.

Weshalb empfehle ich eine derartige Formel? Die Beantwortung dieser Frage ist relativ einfach zu geben: Die ausschreibende Stelle kann somit verhindern, dass Anbieter, welche sich durch Dumpingpreise auszeichnen, bei der Preisevaluierung uneinholbar viele Punkte lukrieren. Selbst bei einer Gewichtung des Preises von lediglich 30 % kann eine lineare Formel dazu führen, dass der Bestbieter nach der Preisevaluierung gegenüber Billigstanbietern mit

30 Punkten einen Punkteabstand aufweist, der mit den weiteren Evaluierungskriterien nicht einmal annähernd aufgeholt werden kann. In der Konsequenz würde das Bestbieterverfahren de facto wieder zum Billigstbieterverfahren werden. Andere Anbieter hätten selbst bei einer für sie optimalen Evaluierung der restlichen Kriterien keine Chance, den Auftrag zu erhalten. Damit würden die qualitativen Kriterien faktisch außer Kraft gesetzt werden. Die ausschreibende Stelle wäre folglich gezwungen, einen Dumpinganbieter als Lieferanten zu wählen.

Die folgende Tabelle zeigt die Anwendung der dargestellten Formel mit vier fiktiven Anbietern und einer angenommenen Gewichtung des Preises mit 30 % innerhalb der gesamten Menge an Evaluierungskriterien.

Anbieter/Preis	Prozentpunkte (max. 30)
Anbieter 1: 25 EURO	22,5 Prozentpunkte
Anbieter 2: 10 EURO	30,0 Prozentpunkte
Anbieter 3: 30 EURO	16,7 Prozentpunkte
Anbieter 4: 13 EURO	29,7 Prozentpunkte

Die Gegenüberstellung der Anbieter zeigt, dass der Anbieter mit dem niedrigsten Preis die höchste Punktezahl erhält. Demgegenüber wird ersichtlich, dass der Anbieter mit dem höchsten Preis (in diesem Beispiel #3 mit 30 €) dennoch eine Punktezahl von 16,7 Punkten erreicht.

Ein praktisches Beispiel in diesem Zusammenhang: Als ausschreibende Stelle im öffentlichen Vergabeverfahren sind Firmen und Behörden verpflichtet, den Vergabekriterien zu folgen. Sollte dies nicht erfolgen, ist mit höchster Wahrscheinlichkeit mit Einsprüchen bis hin zu Gerichtsverfahren zu rechnen. Dies ist im Interesse keiner der beteiligten Parteien, weder der ausschreibenden

Unternehmen noch der beteiligten Anbieter. Da die Einhaltung der Vergaberegeln und Evaluierungskriterien gewährleistet werden muss, besteht für „unfaire" Marktteilnehmer bzw. Anbieter die Möglichkeit, diese innerhalb gewisser Rahmenbedingungen auszureizen. Beispielsweise kann eine Behörde im öffentlichen Sektor ein neues Verwaltungsgebäude bauen lassen und dieses ausschreiben. Sie möchten jedoch sicherstellen, dass kein einzelner Anbieter, auch wenn er möglicherweise unseriös ist, aufgrund der Preiskriterien so viele Punkte erhält, dass er den Auftrag aufgrund dieser Tatsache erhält. Mit dieser Formel kann Preisdumping durch unseriöse Anbieter verhindert werden. Um eine einheitliche und nachvollziehbare Anwendung sicherzustellen, sollte die Formel in die Ausschreibungsdokumente aufgenommen werden.

Die Erstellung der Evaluierungskriterien für den Bereich der Preisbewertung sollte eine Kombination aus einer Verhinderung von ungewöhnlich niedrigen Angeboten und einer nicht-linearen Preis-Evaluierungsformel beinhalten, um eine gute Basis für das Bestbieterverfahren sicherzustellen.

Evaluierungskriterium: Finanzielle Leistungsfähigkeit

Um der ausschreibenden Stelle die Sicherheit zu geben, dass **Lieferanten auch stabil und erfahren** genug sind, den Anforderungen gerecht zu werden, sollten auch unternehmensbezogene Fakten abgefragt und evaluiert werden. Es ist zu berücksichtigen, dass es in der Vergangenheit bereits Fälle gab, in denen beauftragte Unternehmen sich übernommen haben – sowohl im B2G-Segment (siehe Kapitel: Lehrreiche Fehlschläge: Beispiele, die als Warnung dienen) als auch im privaten Bereich. Beispielsweise wurden Küchen oder Häuser bestellt und angezahlt, jedoch ging der Lieferant schlussendlich in Konkurs.

Ein kleines Unternehmen kann durch einen Auftrag, der den eigenen Jahresumsatz übersteigt, in Liquiditäts- und Cashflow-Probleme geraten. Für Beschaffungsvorhaben, die für den Kunden von hoher Kritikalität sind oder ein hohes potenzielles Auftragsvolumen aufweisen, wird eine **Gewichtung von 10 bis 15 %** innerhalb des gesamten Kriterienkatalogs der Angebotsevaluierung empfohlen.

Es wird empfohlen, ein Bewertungsmodell bzw. ein Bewertungssystem, auch „**Financial Score Cards**" genannt, zu verwenden. Dieses basiert auf der Bewertung anhand vordefinierter finanzieller Parameter und Schwellenwerte. Die Bewertung kann auf der Grundlage von Faktoren wie Umsatz, Rentabilität, Kapitalausstattung, Liquidität und Schuldenquoten berechnet werden. Diese Modelle dienen der Standardisierung des Bewertungsprozesses sowie dem objektiven Vergleich der Bieter. Zudem bilden sie die Grundlage für die finalen, gewichteten Bewertungen der Bieter innerhalb dieser Kategorie.

> Bei der finanziellen Bewertung von Angeboten, welche von größeren Unternehmen, Gruppen oder Konsortien abgegeben werden, ist sicherzustellen, dass diese für alle anbietenden Unternehmen, einschließlich der jeweils bietenden juristischen Person, gilt und nicht lediglich für einen (Haupt-)Bieter oder eine Unternehmensgruppe.

Die genannten Anforderungen bzw. Kriterien können sich auf eine Mindest-Eigenkapitalquote, ein Mindest-Reinvermögen, Liquiditäts-Kennzahlen, den Jahresumsatz oder die nachgewiesene Fähigkeit, Leistungs- oder Finanzgarantien („Bankgarantien") zu erhalten, beziehen.

Als Beispiel für die genannten Anforderungen kann man sich folgende Kriterien vorstellen:

- Das bietende Unternehmen muss in den letzten fünf Jahren jeweils eine Eigenkapitalquote von über 25 % aufweisen, um die finanzielle Stabilität während der Programmdurchführung und -lieferung sicherzustellen.
- Der Jahresumsatz der vergangenen drei Finanzjahre sollte mindestens das Fünffache des Angebotspreises betragen, um als Bieter nicht von einem einzigen Auftrag abhängig zu werden.
- Zur Sicherstellung einer reibungslosen Auftragsabwicklung ist von den Bietern und Herstellern in jedem der letzten fünf Jahre eine positive EBIT-Marge von mehr als x % sowie für die zwei folgenden Geschäftsjahre eine profitable Prognose nachzuweisen.

Bei Erfüllung bekommen die Bieter die entsprechenden Bewertungspunkte im Zuge der Angebotsevaluierung.

Im Rahmen der Evaluierung der Kriterien ist sicherzustellen, dass es sich um nachweisbare Fakten handelt. Dies kann durch die Forderung entsprechender Nachweise seitens der Bieter als Teil ihrer Angebotsdokumentation erfolgen. Alternativ kann die ausschreibende Stelle eigenständig Auskünfte über die Bieter einholen.

Die Bieter können dazu aufgefordert werden, **geprüfte Jahresabschlüsse**, einschließlich Bilanzen, Gewinn- und Verlustrechnungen sowie Kapitalflussrechnungen, vorzulegen. Das Ziel besteht in der Beurteilung der finanziellen Gesundheit, Liquidität, Rentabilität und Zahlungsfähigkeit des Bieters. Zusätzlich kann die Verwendung von Fragebögen in Erwägung gezogen werden, welche die Bieter auszufüllen haben und in welchen sie Einzelheiten zu ihren finanziellen Möglichkeiten angeben. Der Fragebogen kann Fragen zu ihren Umsätzen, ihrer Kapitalstruktur, ihrer Kreditaufnahmekapazität, ihren Kreditlinien und etwaigen ausstehenden Schulden enthalten. Ich empfehle, Eigenerklärungen und Fragebögen nur in Ausnahmefällen zu nutzen. Setzen Sie stattdessen auf auditierte und bestätigte Jahresabschlüsse sowie Stellungnahmen von Wirtschaftsprüfern.

Beschaffungsstellen haben die Möglichkeit, **Bonitätsauskünfte von renommierten Ratingagenturen** über Bieter einzuholen. Diese Auskünfte liefern eine unabhängige Bewertung der Kreditwürdigkeit und finanziellen Stabilität des Bieters. Die dem Bieter zugewiesene Bonität dient als Indikator für dessen finanzielle Leistungsfähigkeit. Im Gegensatz zur vorhin erwähnten Variante, dass Bieter bestimmte Unterlagen ihren Angeboten beilegen müssen, ist diese Variante mit einem gewissen Aufwand für die ausschreibende Stelle verbunden. Der Vorteil dieser Variante liegt jedoch in der Unabhängigkeit der Daten und Fakten.

Diese finanziellen Evaluierungskriterien verfolgen das Ziel, die finanzielle Stabilität und Unabhängigkeit von einzelnen Aufträgen der Bieter sicherzustellen. Dadurch wird die Sicherheit der Kunden gewährleistet, dass das Risiko eines Lieferantenausfalls aufgrund von finanziellen Schwierigkeiten reduziert wird.

Evaluierungskriterium: Referenzen und Erfahrung

Idealerweise verfügt der Anbieter bereits über Erfahrung mit ähnlichen Aufträgen bzw. Projekten. Es liegt im Interesse des Kunden, die vergangene Performance der Bieter bei vergangenen Aufträgen ähnlicher Art zu evaluieren. Diese Evaluierung zielt darauf ab, das Risiko einer „non-performance" durch entsprechende vergleichbare Erfahrung der Auftragnehmer zu reduzieren. Es kann angenommen werden, dass Erfahrung das Risiko minimiert, weshalb eine **Gewichtung von ca. 10 %** bei dieser Evaluierungskategorie empfohlen wird. Konkret geht es in dieser Phase der Evaluierung um folgende Kernbereiche:

- ✓ Bieter müssen nachweisen, dass sie bereits früher vergleichbare Aufträge erfolgreich umgesetzt haben.
- ✓ Die Implementierung früherer Aufträge sowie deren betriebsbereiter Zustand sind nachzuweisen.
- ✓ Referenzschreiben von Kunden sind vorzuweisen.
- ✓ Es muss die Möglichkeit bestehen, bestehende Referenzkunden vor Ort zu besuchen.

Im Zuge dieser Evaluierungsphase sind Bieter dazu verpflichtet, eine umfassende **Liste mit ähnlichen Aufträgen**, die sie in der Vergangenheit abgewickelt haben, vorzulegen. Diese muss Angaben zu den jeweiligen Projekten, wie etwa dem Projektnamen, dem Umfang, der Dauer, dem Auftragswert sowie den Kundeninformationen, enthalten. Die Beurteilung der vom Bieter vorgelegten Informationen erlaubt die Einschätzung, ob dieser über einschlägige Erfahrung mit der Durchführung von Projekten ähnlicher Art oder Größenordnung verfügt. In der Folge ist die Beschaffungsbehörde dazu befugt, die Relevanz der früheren Projekte des Bieters für die aktuelle Beschaffung unter Berücksichtigung diverser Faktoren, darunter die Projektkomplexität, der Branchenschwerpunkt, der geografische Standort sowie die Größe, zu evaluieren.

Es ist von entscheidender Bedeutung, dass ausschließlich Projekte und Programme als Referenzen zugelassen werden, die bereits erfolgreich umgesetzt wurden und durch ein entsprechendes

Abnahmezertifikat der Kunden dokumentiert sind. Zudem dürfen keine Programme als Referenz zugelassen werden, die sich in „laufender Arbeit" oder „in Bearbeitung" befinden, also noch nicht final abgeschlossen sind.

Die ausschreibende Stelle definiert einen Kriterienkatalog, anhand dessen die vergangene Leistung des Bieters evaluiert wird. Es ist erforderlich, jedem Kriterium spezifische Bewertungen oder Punkte zuzuweisen, um eine standardisierte Bewertung zu ermöglichen. Im Rahmen der Verifizierung von Angaben ist zu prüfen, ob die vom Bieter bereitgestellten Informationen valide sind. Es ist zu validieren, ob die vom Bieter bereitgestellten Informationen zu seiner Erfahrung und seinen Referenzen den Tatsachen entsprechen. Die Evaluierung umfasst eine Überprüfung der Projektdetails, Kundeninformationen und Ergebnisse erforderlich, um die Genauigkeit und Verlässlichkeit der Ergebnisse sicherzustellen. Die verschiedenen Kriterien sind mit Blick auf die relative Bedeutung im konkreten Beschaffungsprozess zu gewichten, um eine umfassende Bewertung zu gewährleisten, die alle relevanten Faktoren berücksichtigt. Die finale Punkteberechnung für jeden Bieter erfolgt auf Basis seiner Erfahrung und Referenzbewertung unter Berücksichtigung der den Leistungskriterien zugewiesenen Gewichtungen, jedoch sollte der Fokus auf **vergleichbare Aufträge bei vergleichbaren Kunden** in der jüngeren Vergangenheit (z. B. während der letzten fünf Jahre) liegen.

Der **Kontakt zu den von den Bietern angegebenen Referenzen**, in der Regel früheren Kunden oder Partnern, ist von entscheidender Bedeutung, um eine valide Einschätzung der schriftlichen Referenzangaben zu gewährleisten. Ein solcher Kontakt ermöglicht die Ermittlung der Erfahrungen, welche die Referenzkunden in der Zusammenarbeit mit dem Bieter bzw. potenziellen Lieferanten gemacht haben. Im Rahmen der Vorbereitung der Referenzbesuche wird die Erstellung einer Reihe spezifischer Fragen empfohlen, welche sich mit der Leistung des Bieters, der Einhaltung von Terminen, der Qualität der Leistungen, der Kommunikation sowie der allgemeinen Zufriedenheit befassen. In Abhängigkeit von der Beschaffungsart kann die Durchführung von Vor-Ort-Besuchen bei Kunden des Auftraggebers eine Validierung der Referenzen sowie eine Verifizierung der Qualität der Arbeit, der Einhaltung von Standards und der Performance gemäß Vertragsinhalt aus erster Hand ermöglichen. Es wird empfohlen, vorrangig Referenzen zu kontaktieren, die dem Umfang, der Branche oder der Komplexität der aktuellen Beschaffung entsprechen. Dadurch lassen sich für die Beurteilung der Fähigkeiten des Bieters relevantere Einblicke gewinnen. Im Folgenden finden Sie einige Beispiele für die Gestaltung von Anforderungen dieser Evaluierungskategorie:

- **Referenzen**: Der Bieter hat innerhalb der letzten fünf Jahre mindestens drei Programme mit ähnlicher Funktionalität, Komplexität und Größe geliefert, erfolgreich implementiert und vom Kunden betriebsbereit abgenommen. Nachbarländer der Ausschreibungsstelle werden bevorzugt. Vom Kunden ausgestellte Referenzschreiben müssen vorgelegt werden. Zudem müssen Referenzbesuche vor Ort beim bestehenden Kunden möglich sein.
- **Vertragserfüllung**: Bieter müssen bereits frühere Verträge erfolgreich abgeschlossen haben. Der Bieter ist verpflichtet, genaue Angaben zu aktuellen oder vergangenen Rechtsstreitigkeiten, Schiedsverfahren oder Vertragsbeendigungen zu machen, die sich aus Verträgen ergeben, die der Bieter in den letzten fünf Jahren abgeschlossen hat oder derzeit ausführt.

- **Sanktionen:** Um das Risiko für den Käufer zu verringern, dass potenzielle Lieferanten von staatlichen Behörden untersucht werden, ist es Bietern nicht gestattet, Geschäfte in Ländern zu tätigen und dort aktiv zu sein, die internationalen Sanktionen der USA und der EU unterliegen. Dies gilt insbesondere für das Land, in dem der Bieter ansässig ist. Die Liste der Länder und Unternehmen, die unter Sanktionen stehen, kann auf offiziellen Portalen der USA und der EU eingesehen werden.

Ein sehr hartes Evaluierungskriterium in dieser Evaluierungskategorie ist jenes von etwaigen vergangenen Rechtsstreitigkeiten und/oder **Vertragsauflösungen.** Als mögliches Evaluierungskriterium eignet sich hier zum Beispiel folgende Anforderung an die Bieter: Sofern in den vergangenen fünf Jahren eine Vertragsauflösung erfolgt ist, ist dies in detaillierter Form dem Angebot beizulegen. Bieter sind dazu verpflichtet, Erklärungen zu früheren Vertragsbeendigungen vorzulegen, welche Angaben zum jeweiligen Auftraggeber sowie den Kündigungsgrund enthalten müssen.

Evaluierungskriterium: Standards und Zertifizierungen

Um die Einhaltung bestimmter Standards sicherzustellen, kann die **Vorlage eines entsprechenden Zertifikats** von den Anbietern verlangt werden. Die Evaluierungskategorie zielt darauf ab, ein optimales Preis-Leistungs-Verhältnis sowie eine erstklassige Qualität sicherzustellen. Dies erfolgt in Übereinstimmung mit den geltenden gesetzlichen Verpflichtungen und Standards. Eine **Gewichtung von ca. 10 %** bei dieser Evaluierungskategorie wird empfohlen.

Es ist von essentieller Bedeutung, dass sämtliche im Rahmen einer Ausschreibung geforderten Zertifizierungen für alle Bieter gelten, **einschließlich potenzieller Subunternehmer und/oder Konsortialpartner.** Andernfalls besteht für die beschaffende Stelle das Risiko, dass wesentliche Bestandteile der Lieferung die erforderlichen Standards nicht erfüllen. Im Rahmen der Ausschreibung besteht die Möglichkeit, von den Bietern und ihren Partnern die Vorlage und Angebots-Beilage bestimmter Zertifikate zu verlangen. Dazu zählen beispielsweise:

- ✓ ISO-9001 (Qualitätsmanagement)
- ✓ ISO-27001 (Informationssicherheit)
- ✓ UK Cyber Essentials (Cybersicherheit)
- ✓ ISO-14001 (Umweltmanagement)

Im Rahmen der Angebotsabgabe ist seitens des Bieters die Vorlage von Zertifikaten erforderlich, welche durch eine **unabhängige Zertifizierungsstelle** ausgestellt wurden. Als optionaler Bestandteil kann die Liste der Zertifikate um weitere regional- oder branchentypische Nachweise ergänzt werden, sofern sie für den laufenden Beschaffungsprozess von Relevanz sind.

Evaluierungskriterium: Umweltstandards und Nachhaltigkeit

Das Thema **"Green Economy"** ist derzeit zweifelsfrei ein Megatrend. Produkte und Lösungen, die diesen unterstützen beziehungsweise ihm gerecht werden, sind daher unumgänglich. Wenn Sie oder Ihr Unternehmen beispielshaft Flugzeuge mit Dieselmotoren und Propellern entwickeln würden, würden Sie zum einen den technologischen Trends (Stichwort: Biokerosin) und zum anderen dem speziell nach der Coronapandemie reduzierten Bedürfnis nach (Business-)Reisen entgegenwirken. Dies führt dazu, dass Sie sich in einer Situation wiederfinden würden, in der die Nachfrage nach Ihrem Produkt gering bis nicht vorhanden ist. Diese

Trends sind Teil des Megatrends der „Green Economy". In Europa wird dies dazu führen, dass die Nachfrage nach Kurzstreckenflügen weiter sinken wird. Damit wird der Zielmarkt für die oben als Beispiel erwähnten Propellermaschinen weiter schrumpfen. Diese Flugverbindungen werden stattdessen durch Hochgeschwindigkeitsbahnverbindungen oder Flugzeuge mit Solarantrieb abgelöst werden, was „Green Economy" mit Sicherheit zu einem Megatrend macht, der viele Subtrends mit sich bringt und damit viele Produkte und Lösungen in den meisten der aktuell existierenden Industriebereiche betrifft.

Unternehmen, die das Thema „Green Economy" und Einsparung von CO_2 als wichtig erachten, sollten zunächst prüfen, ob bereits Maßnahmen in diese Richtung unternommen wurden. Falls nicht, ist es ratsam, den Produkten und Lösungen keinen grünen „Anstrich" zu geben. Schlussendlich müssen diese Unternehmen Erklärungen und Beweise für den grünen „Anstrich" ihrer Produkte und Lösungen erbringen. Wenn eine solche Erklärung nicht oder nur unzureichend gegeben werden kann, besteht die Gefahr, dass das Unternehmen mit **„Greenwashing"** in Verbindung gebracht wird. Aus dieser Argumentationsdefensive ist es schwer, wieder herauszukommen. Bei der Vergabe öffentlicher Aufträge wird es in Zukunft eine entscheidende Rolle spielen, inwiefern Unternehmen nachweisen können, dass sie die Kriterien in Bezug auf Nachhaltigkeit erfüllen. Innerhalb der Europäischen Union wurde dieser Weg bereits vor einigen Jahren eingeleitet und er läuft unter dem Begriff **„Green Public Procurement"** [25]. Dieser Begriff bezeichnet einen Prozess, bei dem öffentliche Behörden versuchen, Waren, Dienstleistungen und Arbeiten zu beschaffen, die während ihres gesamten Lebenszyklus geringere Umweltauswirkungen aufweisen als Waren, Dienstleistungen und Arbeiten mit derselben Hauptfunktion, die andernfalls beschafft würden. Unternehmen, speziell im B2G-Segment, müssen darauf vorbereitet sein, dass in einigen Jahren öffentliche Ausschreibungen ein „Greenwashing" nicht ermöglichen werden. Ich empfehle daher eine realistische, aber zugleich reale „Green Strategy" für Unternehmen, wenn diese nicht schon umgesetzt oder in der Umsetzungsphase ist. Lieferanten nehmen eine wesentliche Rolle ein, da sie durch die Integration von Nachhaltigkeitsaspekten in ihre Auftragsabwicklung, die Anwendung nachhaltiger Praktiken sowie die Bereitstellung umweltfreundlicher Produkte und Dienstleistungen einen entscheidenden Beitrag zu den allgemeinen Nachhaltigkeitszielen der von ihnen belieferten Organisationen leisten können.

Obgleich zahlreiche Beschaffungsbehörden Nachhaltigkeitsziele verfolgen, neigen sie dazu, bei den Bietern eine Strategie des „**Greenwashing**" zu beobachten.

In diesem Zusammenhang stellt sich die Frage, welche Fokusthemen ausschreibende Stellen setzen können, um eine entsprechende **Evaluierung der Bieter** zu ermöglichen.

- ✓ **Nachhaltiges Lösungsdesign**: Angebotene Lösungen sollen unter Berücksichtigung der Nachhaltigkeit entwickelt werden. Dies erfolgt durch die Integration energieeffizienter Technologien, erneuerbarer Energiequellen, Materialien mit geringerer Umweltbelastung sowie Strategien zur Abfallreduzierung in das Lösungsdesign.
- ✓ **Lebenszyklusdenken**: Es ist erforderlich, eine Lebenszyklusperspektive auf das Lösungsdesign und die Implementierung anzuwenden. Dabei sind die Umweltauswirkungen während des gesamten

Lebenszyklus des Produkts zu berücksichtigen, welcher die Phasen Rohstoffgewinnung, Herstellung, Transport, Verwendung und Entsorgung am Ende der Lebensdauer umfasst. Die Lösung ist derart zu optimieren, dass negative Umweltauswirkungen in jeder Phase minimiert werden.

- ✓ Im Rahmen der **Energieeffizienz** und Ressourcenoptimierung ist es erforderlich, die Energieeffizienz im Lösungsdesign zu optimieren. Dies kann durch die Integration von energieeffizienten Geräten, Systemen und Steuerungen erreicht werden.
- ✓ Im Rahmen der Auftragsabwicklung ist ein effektives **Abfallmanagement** zu implementieren, welches eine adäquate Recyclingpraxis beinhaltet.
- ✓ Die Erfassung und **Dokumentation wesentlicher Umweltkennzahlen**, wie beispielsweise Energieverbrauch, Emissionen, Abfallaufkommen und Ressourcennutzung, stellt ein wesentliches Element des Umweltmanagements dar. Die Kommunikation der erzielten Nachhaltigkeitserfolge und -ergebnisse gegenüber Kunden und Stakeholdern ist ein wesentlicher Bestandteil der internen und externen Kommunikation.
- ✓ Einhaltung von Vorschriften und Standards: Es ist sicherzustellen, dass die **geltenden Umweltvorschriften**, -gesetze und -standards eingehalten werden.

✓ **Umweltrichtlinien und Management Systeme:** Es ist von essentieller Bedeutung, dass klare Umweltrichtlinien innerhalb der Organisation kommuniziert werden. Umweltmanagementsysteme, wie beispielsweise die ISO **14001-Zertifizierung**, gewährleisten ein effektives Umweltleistungsmanagement sowie eine kontinuierliche Verbesserung.

Die Definition von Evaluierungskriterien, welche bereits in der Evaluierungsphase von Angeboten festgelegt werden, reduziert das Risiko eines „Greenwashings" implizit.

Methodik der Evaluierung

Übersicht

Es gibt eine Vielzahl von Methoden, um Angebote zu evaluieren und zu bewerten. Dabei kommen sowohl quantitative als auch qualitative Ansätze zum Einsatz, je nach Ziel und Kontext der Bewertung.

Quantitative Methoden legen großen Wert auf Zahlen und Daten. Ein Beispiel für einen solchen Ansatz ist die Kosten-Nutzen-Analyse, bei der sowohl die Kosten als auch der potenzielle Nutzen eines Angebots quantifiziert werden, um eine fundierte Entscheidung zu treffen. Eine ähnliche Methode ist die Wertanalyse, bei der alle relevanten Kosten und möglichen Einsparungen unter Berücksichtigung der gesamten Lebenszykluskosten bewertet werden.

Qualitative Methoden hingegen basieren auf subjektiven Einschätzungen und Expertenmeinungen. Ein Beispiel hierfür ist die Delphi-Methode, bei der Experten anonym ihre Meinung abgeben, um eine gemeinsame Einschätzung zu erreichen. Eine weitere

Methode ist die Nutzwertanalyse, bei der qualitative Kriterien in numerische Werte umgewandelt werden, um eine objektive Vergleichsbasis zu schaffen.

Ein gängiger Ansatz in der Praxis ist das **Benchmarking**, bei dem Angebote mit den besten Praktiken oder den führenden Wettbewerbern verglichen werden. Dies hilft dabei, die Qualität und Effektivität eines Angebots besser einschätzen zu können.

Im Rahmen der **Risikobewertung** werden potenzielle Risiken und Unsicherheiten identifiziert und quantifiziert. Eine gängige Methode ist die Risikoanalyse, bei der diese Faktoren berücksichtigt werden, um ihren Einfluss auf die Entscheidungsfindung zu minimieren. Mithilfe der Sensitivitätsanalyse lässt sich zudem untersuchen, wie sich Änderungen in den Annahmen auf das Endergebnis auswirken können.

Bei der Bewertung von mehreren Kriterien sind **multikriterielle Methoden** besonders hilfreich. Der analytische Hierarchieprozess zerlegt komplexe Entscheidungen in eine Hierarchie von Kriterien und bewertet diese paarweise. Die multiattribute Nutzentheorie hingegen berechnet die Nutzwerte verschiedener Alternativen, um eine umfassende Bewertung zu ermöglichen. Das **Preis-Leistungs-Verhältnis** stellt ebenfalls einen wichtigen Aspekt dar. Hierbei wird das Verhältnis von Preis zu erbrachter Leistung verglichen, um das wirtschaftlichste Angebot zu identifizieren.

Die vorgestellten Methoden bilden eine solide Grundlage zur Bewertung von Angeboten in verschiedenen Kontexten. Je nach spezifischem Anwendungsfall sollten die Methoden entsprechend ihrer Stärken und Schwächen ausgewählt werden. Im Zuge des **Bestbieterverfahrens** bei öffentlichen Ausschreibungen findet eine **Kombination** einiger der hier vorgestellten Methoden Anwendung.

Das folgende Kapitel erläutert die effektive Anwendung der in diesem Kapitel vorgestellten Evaluierungskriterien.

Bewertung der Evaluierungskriterien

Die sorgfältige Festlegung und Gewichtung der Evaluierungskriterien ist eine wesentliche Grundlage für eine objektive und ausgewogene Entscheidung im Vergabeverfahren. So lässt sich sicherstellen, dass die Entscheidung den Anforderungen und Zielen des Projekts bestmöglich entspricht. Die Gewichtung sollte die Relevanz und Bedeutung jedes Kriteriums für das spezifische Projekt oder Vorhaben widerspiegeln. Kriterien, die für den Projekterfolg von entscheidender Bedeutung sind, sollten höher gewichtet werden. Das Einbeziehen von Feedback und Meinungen relevanter Stakeholder kann dazu beitragen, die Gewichtung besser zu bestimmen. Dies könnte beispielsweise durch Workshops, Umfragen oder Delphi-Methoden erfolgen.

Evaluierungskriterium	Gewichtung	Methodik
Leistungsumfang „Muss"	N/A	100 % Erfüllung oder Disqualifikation
Leistungsumfang „Soll"	30 %	Score Card (Punkte)
Preis	30 %	1. Ausschluss von ALB-Angeboten 2. Nicht-Lineare Evaluierungsformel
Finanzielle Leistungsfähigkeit	10 %	Score Card (Punkte)
Referenzen und Erfahrung	10 %	Score Card (Punkte)
Standards und Zertifizierung	10 %	Score Card (Punkte)
Umweltstandards	10 %	Score Card (Punkte)

„Muss"-Anforderungen sind nicht verhandelbare, wesentliche Bedingungen einer Ausschreibung, deren Nichterfüllung zum sofortigen Ausschluss führt. „Soll"-Anforderungen sind wünschenswerte Eigenschaften, die bei der Auswahl des besten Angebots berücksichtigt werden, aber nicht zwingend erfüllt werden müssen. Diese Unterscheidung kann bei sämtlichen Evaluierungskriterien zur Anwendung kommen.

In der Folge stellt sich die Frage, auf welche Weise die Erfüllung divergierender „Soll"-Anforderungen seitens der Bieter evaluiert werden kann. Zu diesem Zweck wird die Erstellung einer „Score Card" mit differenzierter Punktevergabe empfohlen. Die erreichten Punkte sind im Anschluss mit der jeweils angewandten Gewichtung zu multiplizieren.

Bewertung der Beantwortung durch den Bieter	Punkte
Übertrifft die Anforderung mit Mehrwert. Das Angebot beantwortet die Anforderung präzise und relevant.	10
Erfüllt die Anforderung. Umfassender Bezug hinsichtlich Details und Relevanz zur Anforderung sind beigefügt.	8
Erfüllt die Anforderung in den meisten Aspekten. Akzeptabler Detaillierungsgrad und Genauigkeit werden bereitgestellt.	5
Erfüllt die Anforderung nicht oder nur eingeschränkt. Es gibt begrenzt weiterreichende Informationen bzw. werden etwaige Rückfragen nur begrenzt beantwortet.	2
Die Anforderung wird nicht erfüllt, und Fragen bleiben unbeantwortet.	0

Methodiken dieser oder ähnlicher Art finden Sie auch an zahlreichen Stellen im Internet[26]. Auf diese Art lässt sich eine maßgeschneiderte Evaluierungsmatrix erstellen. Die Differenz zwischen der besten und der nächstbesten Bewertung (z. B. „Ausgezeichnet" vs. „Gut") zeigt, was Bieter im Angebot anführen müssen, um die beste Note zu erhalten. In diesem Beispiel muss der Bieter die Anforderungen übertreffen und Mehrwert schaffen. Diese Bewertungsmethode bringt eine zusätzliche Dimension in die Bewertung des Angebots mit dem besten Preis-Leistungs-Verhältnis (neben der Gewichtung der Kriterien).

Die **Offenlegung von Evaluierungskriterien und der Methodik** gewährleistet, dass der Ausschreibungsprozess fair und gerecht abläuft. Durch die transparente Kommunikation dieser Aspekte wird das Vertrauen in den Prozess gestärkt. Bieterinnen und Bieter wissen genau, worauf sie sich einlassen, und können sicher sein, dass ihre Angebote objektiv und konsistent bewertet werden. Dies minimiert das Risiko von Vorwürfen der Voreingenommenheit oder Diskriminierung und fördert einen fairen Wettbewerb.

Des Weiteren ermöglicht **Transparenz** den Bietern eine gezielte und effiziente Gestaltung ihrer Angebote. Sind die Bewertungskriterien und Methodiken im Vorfeld bekannt, können Bieter ihre Stärken und Fähigkeiten optimal präsentieren und ihre Angebote so ausrichten, dass sie den spezifischen Anforderungen bestmöglich entsprechen. Dies führt zu einer Steigerung der Qualität der eingereichten Angebote und erleichtert den Ausschreibern die Auswahl des besten Angebots.

Ein weiterer wesentlicher Aspekt ist die **Einhaltung gesetzlicher und regulatorischer Vorgaben**. In zahlreichen Ländern und Branchen unterliegen Ausschreibungen einer rechtlichen Regulierung, welche eine transparente und faire Durchführung erfordert. Die Offenlegung der Evaluierungskriterien und -Methodiken dient der Erfüllung dieser gesetzlichen Anforderungen und minimiert das Risiko rechtlicher Konsequenzen.

> ℹ️ Transparenz ist ein entscheidender Faktor für den Erfolg eines jeden Ausschreibungsprozesses!

Schließlich fördert Transparenz die **effiziente Nutzung von Ressourcen**. Durch die transparente Kommunikation der Anforderungen und Bewertungsverfahren können Bieter besser einschätzen, ob sie in der Lage sind, die Anforderungen zu erfüllen, bevor sie Zeit und Ressourcen in die Erstellung eines Angebots investieren. Dies reduziert die Anzahl der unpassenden oder unzureichenden Angebote und spart sowohl den Bietern als auch den Ausschreibern wertvolle Zeit und Ressourcen.

Eine transparente und offene Darlegung von Evaluierungskriterien und Methodiken in Ausschreibungen bietet wesentliche Vorteile. Sie fördert Fairness und Vertrauen, ermöglicht die Erstellung qualitativ hochwertiger Angebote, gewährleistet die Einhaltung gesetzlicher Vorgaben und trägt zu einer effizienten Nutzung von Ressourcen bei. Ein offenes und transparentes Ausschreibungsverfahren folgt dem Grundsatz, dass alle Bieter über die Bewertungsergebnisse für jede Kategorie informiert werden. Nach einer Stillhaltefrist besteht die Möglichkeit für eventuelle Einsprüche. Und nach diesem Verfahren vergibt die Beschaffungsbehörde den Auftrag an den besten Bieter. Die Hauptziele eines Beschaffungsprozesses werden dadurch einfacher erreicht:

- ✓ Das richtige Produkt
- ✓ Die richtige Spezifikation
- ✓ Die richtige Evaluierung
- ✓ Der richtige Lieferant

4. Vorteile im privaten und geschäftlichen Bereich

Die Geschichte öffentlicher Ausschreibungen und Projekte ist geprägt von zahlreichen Beispielen, bei denen Missmanagement und mangelnde Transparenz zu politischen Skandalen geführt haben. Diese Skandale beeinträchtigen nicht nur das Vertrauen der Bürger in die Regierung, sondern führen auch zu erheblichen finanziellen Verlusten für die Steuerzahler. Es gibt zahlreiche Beispiele, bei denen öffentliche Ausschreibungen oder Projekte zu politischen Skandalen führten.

Der Bau des **Flughafens Berlin Brandenburg (BER)** ist ein Paradebeispiel für ein öffentliches Projekt, das aufgrund von Missmanagement und mangelnder Transparenz zu einem politischen Skandal wurde. Ein weiteres Beispiel für ein öffentliches Bauprojekt, das zu einem finanziellen und politischen Desaster wurde, ist die **Elbphilharmonie in Hamburg**. Ein weiteres Beispiel für ein öffentliches Infrastrukturprojekt, das zu erheblichen Kostenüberschreitungen und politischen Kontroversen führte, ist das **Bahnprojekt Stuttgart 21**. Ein Bestbieterverfahren hätte dazu beitragen können, die besten Anbieter auszuwählen. Diese hätten nicht nur den niedrigsten Preis, sondern auch die höchste Qualität und Zuverlässigkeit bieten müssen. Dadurch wären eine Kostenexplosion und Verzögerungen vermeidbar gewesen.

Die genannten Beispiele verdeutlichen, dass eine unzureichende Transparenz sowie unzulängliche Evaluierungskriterien bei öffentlichen Ausschreibungen und Projekten das Risiko erheblicher politischer und finanzieller Skandale bergen. Die Anwendung des Bestbieterverfahrens, das neben dem Preis auch qualitative Kriterien berücksichtigt, hätte in vielen Fällen dazu beitragen können, diese Skandale zu verhindern und das Vertrauen der Bürger in die öffentliche Verwaltung zu stärken. Es ist daher von entscheidender Bedeutung, dass öffentliche Ausschreibungen transparent und fair durchgeführt werden, um die besten Anbieter auszuwählen und die Interessen der Steuerzahler zu schützen. Im privaten und beruflichen Alltag müssen wir täglich Entscheidungen treffen, bei denen wir aus verschiedenen Angeboten das beste auswählen müssen. Das Bestbieterprinzip, das in öffentlichen Ausschreibungen Transparenz und Qualität garantiert, kann auch im privaten Bereich von großem Nutzen sein.

Es sei angenommen, dass eine umfassende **Renovierung des eigenen Hauses** geplant wird. Anstatt sich für das billigste Angebot zu entscheiden, sollte das Bestbieterprinzip Berücksichtigung finden. Hierbei werden neben dem Preis auch die Qualität der Materialien, die Erfahrung der Handwerker sowie ihre Zuverlässigkeit in die Entscheidung miteinbezogen. Bei einer ausschließlichen Fokussierung auf den Preis als Entscheidungskriterium für die Auswahl eines Handwerkers ist das Resultat in der Regel unbefriedigend. Dies ist auf eine minderwertige Verarbeitung sowie zusätzliche Kosten für Nachbesserungen zurückzuführen. Durch die Berücksichtigung des Bestbieterprinzips kann hingegen sichergestellt werden, dass die ausgeführten Arbeiten von hoher Qualität sind und eine langfristige Haltbarkeit aufweisen.

Der **Abschluss einer Versicherung**, sei es für die Gesundheit, das

Auto oder das Haus, ist eine wichtige Entscheidung, die wohlüberlegt sein will. Bei der Wahl der billigsten Autoversicherung kann es zu Problemen kommen, wenn man im Falle eines Unfalls auf schlechten Service und eine langsame Abwicklung trifft. Um sicherzustellen, dass man im Schadensfall optimal abgesichert ist, ist es empfehlenswert, das Bestbieterprinzip anzuwenden und neben den Kosten auch die Deckung, den Kundenservice und die Reputation des Versicherungsunternehmens zu berücksichtigen.

Die **Betreuung der Kinder** stellt für Eltern eine wesentliche Verantwortung dar, weshalb sie sicherstellen möchten, dass die Betreuung in adäquaten Händen erfolgt. Die Entscheidung für eine kostengünstigere Betreuungsmöglichkeit kann sich als nachteilig erweisen, wenn sich herausstellt, dass die Betreuungsqualität unzureichend ist. In diesem Fall wurde das Billigstbieterprinzip angewandt. Um eine Betreuungseinrichtung auszuwählen, die nicht nur preislich attraktiv ist, sondern auch eine hohe Qualität und Sicherheit bietet, ist es empfehlenswert, das Bestbieterprinzip anzuwenden und verschiedene Aspekte zu berücksichtigen, darunter die Qualifikation der Betreuer, das pädagogische Konzept und die Ausstattung.

Die Anwendung des Bestbieterprinzips im privaten Bereich ermöglicht Ihnen, Entscheidungen zu treffen, die nicht nur kurzfristig kostengünstig, sondern auch langfristig vorteilhaft und qualitativ hochwertig sind. Bei der Entscheidung für ein Angebot sollten neben dem Preis auch die Qualität, die Zuverlässigkeit und etwaige zusätzliche Vorteile berücksichtigt werden. So stellen Sie sicher, dass Sie die für Ihre Bedürfnisse besten Produkte und Dienstleistungen erhalten. Das Bestbieterprinzip hilft Ihnen, finanzielle Risiken zu minimieren, langfristig zufriedenstellende Ergebnisse zu erzielen und das Vertrauen in Ihre Entscheidungen zu stärken.

5. Nachwort

Ich freue mich, wenn Ihnen dieses Buch beim Lesen neue Ideen und Ansätze vermittelt hat. Dies war die Grundidee beim Schreiben. Die Lektüre sollte nicht zu einer wissenschaftlichen Arbeit werden, sondern immer dazu dienen, Ihnen praktische und praxisnahe Hilfestellungen aufzuzeigen.

Selbstverständlich können beinahe alle in diesem Buch beschriebenen Themen tiefer behandelt werden, und hier möchte ich Sie gerne dazu einladen, in den Dialog mit mir zu treten. Besuchen Sie bitte den Auftritt im Internet (www.MA-4Consult.at) oder folgen Sie den dort angeführten sozialen Medien, um über Neuigkeiten jederzeit und kostenlos informiert zu werden. Wenn Sie den Wunsch verspüren, in einen persönlichen Austausch zu dem einen oder anderen Thema zu treten, finden Sie auf der Homepage auch ein entsprechendes Kontaktformular.

Sollten Sie bereits eine Vielzahl von Inhalten dieses Buches aus Ihrem Gedächtnis gestrichen haben, so erinnern Sie sich bitte an die Kernaussage: Seien Sie stets transparent und offen, sowohl als Einkäufer als auch als Kunde.

6. Abbildungsverzeichnis

Abb. 1: Unique Selling Point 24

Abb. 2: Ablauf eines Vergabeprozesses 26

Abb. 3: Bestbieterkriterien (Beispiele) 42

Abb. 4: Formel Angebotspreisevaluierung (30% Gewichtung) 53

7. Abkürzungsverzeichnis

ALB .... *Abnormally Low Bid*
B2B .... *Business-to-Business*
B2G .... *Business-to-Government*
EBRD .... *European Bank for Reconstruction and Development*
OECD .... *Organisation für wirtschaftliche Zusammenarbeit und Entwicklung*
USP .... *Unique Selling Point*

8. Hilfsmittel und Quellenverzeichnis

Hilfsmittel (Verwendet im Zeitraum **27.11.2024** bis **16.12.2024**):

- Microsoft Copilot: https://copilot.microsoft.com

  (Hilfe bei der Erstellung der Textstruktur)

- DeepL Write: https://www.deepl.com/de/write

  (Teilweise Umformulierung von Textstellen)

Sämtliche nachfolgende Quellen wurden zum Zeitpunkt der Veröffentlichung des Buches sorgfältig geprüft, wobei Änderungen zu einem späteren Zeitpunkt nicht ausgeschlossen werden können.

Abruf der Internetquellen: **27.11.2024 und 13.12.2024.**

1	Kurier (09. März 2023). "Wo ein Wille, da ein Windrad": Grüne wollen Klimaglück entfachen. URL: https://kurier.at/politik/inland/wo-ein-wille-da-ein-windrad-gruene-wollen-klimaglueck-entfachen/402357756
2	Neue Zürcher Zeitung (30. Oktober 2024). Erst Solarzellen und Elektroautos, jetzt Windräder? Wieder will China dem Westen den Rang ablaufen. URL: https://www.nzz.ch/wirtschaft/erst-solarzellen-jetzt-windraeder-china-draengt-auf-den-weltmarkt-ld.1854573
3	George Herald (20. Dezember 2021). Gwaiing bridge contract to resume next year. URL: https://www.georgeherald.com/News/Article/Local-News/gwaiing-bridge-contract-to-resume-next-year-202112200947
4	George Herald (16. November 2023). Gwaiing bridge re-tender process starts in 2024. URL: https://www.georgeherald.com/News/Article/Local-News/gwaiing-bridge-re-tender-process-starts-in-2024-202311150328
5	Soyacincau (20. Juni 2024). New KLIA Aerotrain to be ready by 31 Jan 2025. Why did it take so long? URL: https://soyacincau.com/2024/06/20/klia-aerontrain-now-scheduled-jan-2025-why-taking-so-long/
6	New Strait Times (21. August 2023). MAHB shuts door on reinstating Pestech as KLIA aerotrain contractor . URL: https://www.nst.com.my/business/2023/08/945420/mahb-shuts-door-reinstating-pestech-klia-aerotrain-contractor%C2%A0
7	The Star (16. August 2023). MAHB terminates Pestech's RM742.95mil aerotrain contract. URL: https://www.thestar.com.my/business/business-news/2023/08/16/mahb-terminates-pestechs-rm74295mil-aerotrain-contract
8	The Malaysian Reserve (16. August 2023). MAHB terminates RM743m KLIA Aerotrain contract with Pestech over non-performance. URL: https://themalaysianreserve.com/2023/08/16/mahb-terminates-klia-aerotrain-project-contract-with-pestech-due-to-non-performance-and-delays/
9	Euronews (31. Oktober 2020). Berlin airport opens 10 years late and three times over budget. URL: https://www.euronews.com/2020/10/31/berlin-airport-opens-10-years-late-and-three-times-over-budget
10	OECD (2015), Effective Delivery of Large Infrastructure Projects: The Case of the New International Airport of Mexico City, OECD Public Governance Reviews, OECD Publishing, Paris. URL: https://www.oecd.org/content/dam/oecd/en/publications/reports/2015/11/effective-delivery-of-large-infrastructure-projects_g1g6035f/9789264248335-en.pdf
11	WKO. Arten der Vergabeverfahren. URL: https://www.wko.at/service/wirtschaftsrecht-gewerberecht/Arten-der-Vergabeverfahren.html
12	Tesla. Supercharger. URL: https://www.tesla.com/de_at/supercharger
13	Europäische Union (o.D.). Ted – tenders electronic daily. URL: https://ted.europa.eu/TED/main/HomePage.do
14	European Bank. e-Procurement Portall ECEPP. URL: https://ecepp.ebrd.com/delta/noticeSearchResults.html

15	World Bank. Global Public Procurement Database. URL: https://www.globalpublicprocurementdata.org/gppd/
16	Handelsblatt (28. Mai 2020). „Ein Alexander Dobrindt scheitert nicht" – So kam es zum Chaos um die Ausländer-Maut. URL: https://www.handelsblatt.com/politik/deutschland/untersuchungsausschuss-ein-alexander-dobrindt-scheitert-nicht-so-kam-es-zum-chaos-um-die-auslaender-maut/25869026.html
17	The World Bank (Juli 2016). Abnormally Low Bids and Proposals – Guide to the identification and treatment of Abnormally Low Bids and Proposals. URL: https://thedocs.worldbank.org/en/doc/780841478724671583-0290022017/original/ProcurementGuidanceidentificationandtreatmentofAbnormallyLowBidsandProposals.pdf
18	Europäische Union. Directive 2014/24/EU of the European Parliament and of the Council of 26 February 2014 on public procurement and repealing Directive 2004/18/EC Text with EEA relevance. URL: https://eur-lex.europa.eu/legal-content/EN/TXT/?uri=celex%3A32014L0024
19	Bundesvergabegesetz 2018. Paragraph 137. URL: https://ris.bka.gv.at/GeltendeFassung.wxe?Abfrage=Bundesnormen&Gesetzesnummer=20010295
20	Vergabeverordnung – VgV. Paragraph 60. URL: https://www.gesetze-im-internet.de/vgv_2016/__60.html
21	Deutsches Vergabeportal. Ungewöhnlich niedrige Angebote. DTVP Deutsches Vergabeportal GmbH URL: https://dtvp.de/info-center/vergabelexikon/ungewoehnlich-niedrige-angebote/
22	Código dos contratos públicos aprovado pelo Decreto-Lei nº 18/2008, de 29 de janeiro, Article 71. URL: https://diariodarepublica.pt/dr/detalhe/decreto-lei/18-2008-248178
23	Public Procurement Law of 2019 as amended - consolidated text 2022, Article 224. URL: https://www.gov.pl/web/uzp-en/legal-framework2
24	Legislative Decree No. 36/2023, Artikel 110. URL: https://www.normattiva.it/uri-res/N2Ls?urn:nir:stato:decreto.legislativo:2023;036
25	Europäische Kommission. Green Public Procurement. URL: https://green-business.ec.europa.eu/green-public-procurement_en
26	Tony Zemaitis Associates Ltd. Understanding Tender Evaluation Criteria. URL: https://www.zemaitis-uk.com/tender-evaluation-criteria/

www.ingramcontent.com/pod-product-compliance
Lightning Source LLC
Chambersburg PA
CBHW071106240526
45469CB00006BD/2360